罗耀先 主编 | 知名早教、幼教专家
"零岁方案"主持专家

编委：王 濛　夏秀方　董 娟

我们坚持以专业精神，科学态度，为您排忧解惑。

中国人口出版社

图书在版编目（CIP）数据

1～3岁左脑右脑多元智能大开发/罗耀先主编．一北京：中国人口出版社，2011.9

ISBN 978-7-5101-0874-7

Ⅰ.①1… Ⅱ.①罗… Ⅲ.①智力游戏－学前教育－教学参考资料 Ⅳ.①G613.7

中国版本图书馆CIP数据核字（2011）第184618号

最科学、最快乐、最有效的
权威智力开发方案

1～3岁左脑右脑
多元智能大开发

罗耀先　主编

出版发行	中国人口出版社
印　　刷	大厂回族自治县正兴印务有限公司印刷
开　　本	710毫米×1020毫米　1/16
印　　张	12
字　　数	120千字
版　　次	2012年3月第1版
印　　次	2012年3月第1次印刷
书　　号	ISBN 978-7-5101-0874-7
定　　价	28.80元
社　　长	陶庆军
网　　址	www.rkcbs.net
电子信箱	rkcbs@126.com
电　　话	(010)83519390
传　　真	(010)83519401
地　　址	北京市宣武区广安门南街80号中加大厦
邮　　编	100054

绪论 Foreword

智能开发决定宝宝的一生

智力开发的关键和方法

父母一般都能胜任宝宝的养育，但在教育上即智力开发方面，往往听之任之。其实，智力开发只要把握两个关键就可以了：**①左脑右脑均衡发展；②多元智能全面发展。**

那么，如何才能把握好这两个关键呢？最科学、最可行的方法是多玩亲子游戏。当然，这也是最快乐的方法，无论是对宝宝还是对父母。

本书游戏由早教专家精心挑选，每个游戏都有益智目标和专家解读。全部游戏按年龄段安排，分为左脑开发和右脑开发两大类，同时又按八大多元智能分为相应的八个小类。

多元智能概念及其对教育的启示

八十年代，哈佛大学霍华德·加德纳教授提出多元智能理论。他认为智能包括以下8种类型：

1.语言 (Verbal/Linguistic)
2.逻辑 (Logical/Mathematical)
3.空间 (Visual/Spatial)
4.肢体运作 (Bodily/Kinesthetic)
5.音乐 (Musical/Rhythmic)
6.人际 (Inter-personal/Social)
7.内省(Intra-personal/Introspective)
8.自然探索 (Naturalist)

各种智能都有其生物学基础，如音乐智能定位在右脑某一特定的区域，该区域损伤，音乐智能消失；人际关系智能定位于额叶，这部位损伤后，人们会认为他已经变成为另外一个人；等等。关于多元智能专家认为：

1.多元智能中八种智能彼此独立，很少有人能样样突出。

2.智能有年龄关键期，过了关键期要去发展就很难。比如，音乐要从小培养，年龄过大很难学好；但属于空间智能的绘画，年纪大也可能学好。

3.每个人的先天潜质不同，比如有些人语文和音乐方面很强，但是社交却特别差。通过多元智能理论的评价体系，可以找出每个人的最佳智能。

4.对儿童多元智能的评价，不是为了区分儿童的优劣，而是为了发现儿童的智能潜力和特点，从而帮助他们去实现富有个性特色的发展。

5.找出智能强项，可以帮助人们找出最佳学习方式。比如，语言智能强就使用背诵的方式来记忆；运动智能较强，也许采取连动带读的方式更有效。

左右脑分工与均衡发展

美国心理生物学家斯佩里博士，通过著名的割裂脑实验，证实了大脑的“左右脑分工理论”。他因此获得1981年诺贝尔生理学或医学奖。

斯佩里的实验表明：大脑两半球在机能上有分工，左半球感受并控制右边的身体，右半球感受并控制左边的身体。

左半脑主要负责 逻辑理解、记忆、时间、语言、判断、排列、分类、逻辑、分析、书写、推理等，思维方式具有连续性、延续性和分析性。

右半脑主要负责 空间形象记忆、直觉、情感、身体协调、视知觉、美术、音乐、想像、灵感、顿悟等，思维方式具有无序性、跳跃性和直觉性。

斯佩里认为右脑具有图像化机能，如企划力、创造力、想像力；甚至有某种共振共鸣的超常机能，如第六感、直觉力、灵感、梦境等。许多高级思维功能取决于右脑，把右脑潜力充分挖掘出来，才能发挥人类无穷的创造才能。

显然，充分开发儿童右脑、发挥右脑的优势是十分重要的。但右脑开发的目的不是以右脑思维代替左脑思维，而是更好地将左右脑结合起来，进行人类左右脑的协同，全面调动人脑的潜能。对于正常人来说，大脑左右两半球的功能是均衡和协调发展的，既各司其职又密切配合，二者相辅相成，构成一个统一的控制系统。

若没有左脑功能的开发，右脑功能也不可能完全开发，反之亦然。所以，促进左右脑均衡和协调地发展，才是最科学、最有效的。

Contents 目录

第 2 章

第15~16个月 宝宝左脑右脑智能开发

宝宝体能智能发育状况

左脑智能开发训练

右脑智能开发训练

第3章

第17~18个月 宝宝左脑右脑智能开发

第 4 章

第19~20个月 宝宝左脑右脑智能开发

第5章

第21~22个月 宝宝左脑右脑智能开发

第6章

第23~24个月 宝宝左脑右脑智能开发

宝宝体能智能发育状况

第7章

第25~26个月 宝宝左脑右脑智能开发

第8章

第27~28个月 宝宝左脑右脑智能开发

宝宝体能智能发育状况

左脑智能开发训练

右脑智能开发训练

第9章

第29~30个月 宝宝左脑右脑智能开发

第 10 章

第31~32个月 宝宝左脑右脑智能开发

第11章

第33~34个月 宝宝左脑右脑智能开发

宝宝体能智能发育状况

左脑智能开发训练

右脑智能开发训练

第 12 章

第35~36个月 宝宝左脑右脑智能开发

宝宝体能智能发育状况

左脑智能开发训练

右脑智能开发训练

第1章

第13～14个月

宝宝左脑右脑智能开发

宝宝体能智能发育状况

本月训练要点

1.与宝宝一起阅读，多跟宝宝说说悄悄话。

2.训练宝宝逐步学会用杯子喝奶、喝水。

3.训练宝宝扶栏杆上下楼梯，锻炼走路。

4.多与宝宝玩动手游戏，锻炼手部灵活性。

宝宝左脑右脑智能发展参考水平

左脑

语言智能：能说一些简单的词或者词组

数学逻辑智能：能进行简单的物体分类

自然认知智能：喜欢在外边玩，不愿意总待在家里

右脑

身体运动智能：能自己扶楼梯栏杆交替着上，双足踏楼梯上下

音乐智能：能够跟着音乐的节拍踏步，并随着音乐的停止而停止

人际智能：能和家人或者小朋友配合玩游戏

内省智能：能知道自己的名字

空间智能：会搭积木，用棍子够较远的物品、会翻书页

宝宝体格发育参考标准

身长

男孩

71.8～85.1厘米，平均78.5厘米

女孩

69.8～83.7厘米，平均76.8厘米

我的宝宝：______厘米

体重

男孩

8.3～13.2千克，平均10.8千克

女孩

7.6～12.4千克，平均10.0千克

我的宝宝：______千克

头围

男孩

44.2～49.4厘米，平均46.8厘米

女孩

43.2～48.4厘米，平均45.8厘米

我的宝宝：______厘米

胸围

男孩

43.1～51.1厘米，平均47.1厘米

女孩

42.1～49.7厘米，平均45.9厘米

我的宝宝：______厘米

囟门

有的宝宝囟门已闭合，有的还能摸到

我的宝宝：______

牙齿

大多数宝宝已经长出8颗牙齿

我的宝宝：______

促进宝宝智能发育的营养方案

营养是保证宝宝正常生长发育、身心健康的重要因素。宝宝能否正常地生长发育，长得是否健康，关键在于能否获得足够的营养供给，只有营养供应充足，宝宝的身体才会长得结实、强壮。并且营养关系到大脑功能，营养不良会给宝宝大脑的发育产生灾难性影响，造成智力发育和体格发育不良，即使到了成年后也无法弥补，有的人还会把智力缺陷传给后代。因此，为了使宝宝能有健康的体魄，就必须重视营养。

随着宝宝乳牙的陆续萌发，咀嚼消化的功能较以前成熟，在喂养上略有变化，每日进食次数为5次，3餐中间上下午各加一次点心。有条件的还可以每日加一个鸡蛋和一瓶牛奶。宝宝的膳食安排应尽量做到花色品种多样化，荤素搭配，粗细粮交替，保证每日能摄入足量的蛋白质、脂肪、糖类以及维生素、矿物质等。

培养宝宝良好的饮食习惯能使宝宝拥有较好的食欲，避免宝宝挑食、偏食和吃过多的零食。为了保证维生素C、胡萝卜素、钙、铁等营养素的摄入，宝宝应多食用黄、绿色新鲜蔬菜，如油菜、小菠菜、胡萝卜、西红柿、甜柿椒、红心白薯。萝卜、白菜、芥菜头、土豆等蔬菜所含维生素、矿物质虽较黄、绿色蔬菜低，但也具有人体不可缺少的营养成分。

另外，每日还要吃一些水果。含维生素C较多的水果有柑橘类、枣、山楂、猕猴桃等。除此之外，每日吃2次鱼肝油，每次仍为3滴，钙片每日2片。

父母须知

家庭是孩子成长的重要环境。良好的家庭环境，父母与孩子之间建立安全积极的依恋关系，父母对孩子的教养态度和方式都比较民主、开放，那么生活在其中的孩子就比较容易养成乐观、开朗、自信以及能够与人和谐交往的个性品质。如果家庭氛围不和谐、父母之间经常吵架、父母对孩子的要求和态度不一致，那么极容易使孩子情绪低落，使孩子感到缺乏信任与安全感以及变得性格内向、缺乏自信等，这些都不利于孩子交往智慧的培养。

因此，日常生活中，家长应积极为孩子营造安全、温暖的家庭环境，使孩子养成乐观、积极的品质，发展与人交往的良好社会技能。

左脑智能开发训练

语言智能

故意说错话

益智目标

增高宝宝的语言理解能力，提升语言智能。

游戏步骤

1.妈妈和宝宝面对面坐下，指着膝盖问宝宝："这是我的鼻子吗？"妈妈指着自己的眼睛问宝宝："这是我的耳朵吗？"

2.如果宝宝发现妈妈指错了，妈妈要表扬宝宝；如果宝宝没发现，妈妈要加以指导。

专家提示

此游戏要在宝宝认识人的身体各部位名称的前提下进行。经常与宝宝玩这个游戏可以培养宝宝的语言纠错能力。游戏过程中，可以让宝宝摸摸妈妈的眼睛、鼻子等，以增强刺激。

送礼物

益智目标

培养宝宝的说话能力。

游戏步骤

1.妈妈准备一些可以当礼物的物品，比如糖果、鲜花、小玩具等，再准备几个小动物的面具，跟宝宝一起玩互相送礼的游戏。

2.妈妈和宝宝在一个房间，爸爸在另一个房间。然后请宝宝自己选择扮演一种动物，如小兔，爸爸扮成小狗，妈妈扮成小猫。

3.“小狗”来敲门，“小猫”和“小兔”问：“谁呀?”“小狗”回答：“我是小狗。”“小猫”和“小兔”要有礼貌地请“小狗”进来，“请进，请进。”“小狗”拿着礼物进来，对“小猫”和“小兔”说：“这些糖果送给你们。”“小猫”和“小兔”要说：“谢谢!”

4.爸爸妈妈和宝宝还可以互换角色，以及互送礼物反复进行这个游戏。

专家提示

在游戏过程中，家长要尽量多地创造角色之间交往的机会，让宝宝有更多的机会学说话，提高宝宝的语言能力。

学习称呼客人

益智目标

锻炼宝宝判别和正确称呼生人的能力。

游戏步骤

1.当家里来了客人时，妈妈要告诉宝宝该怎样正确称呼客人。

2.比如家里来了男客人，可以告诉宝宝：“叫叔叔，说‘叔叔好’。”来了女客人可以告诉宝宝：“叫阿姨。”如果来的是年纪大一点的男客人，可以告诉宝宝：“叫爷爷。”若来的是老太太，可以告诉宝宝：“叫奶奶。”

专家提示

此时是宝宝学习口语的关键时期，父母要正确引导宝宝开口说话，这对提高宝宝的语言智能及与人交往的智能都有好处。

数学逻辑智能

原来这就是圆形

益智目标

培养宝宝的图形概念，提升宝宝的数学能力。

游戏步骤

1.准备一些圆形物品，如气球、钟表、圆形镜子、棋子等。妈妈指着这些圆形的物品对宝宝说“宝宝快来看，这些东西都是圆形的。圆圆的气球，圆圆的钟表……”妈妈要反复地对宝宝说。

2.问宝宝：“这些东西都是什么形状的？”引导宝宝回答“圆形的”，反复这样问宝宝。

3.接着让宝宝说出(或指出)家中常见的圆形物体。

专家提示

由于此时的宝宝还不能分清圆和椭圆的区别，所以先让他(她)认识笼统的"圆形"。

哪一边多

益智目标

培养宝宝对数量多少的判断能力，提高宝宝的数学能力。

游戏步骤

1.用相同大小的两个杯子，放入不同量的果汁或水，让宝宝用眼睛仔细地看，再问宝宝哪一边多，让他回答。

2.再放入相同量的果汁或水，让宝宝比较，答对了要奖励宝宝。

专家提示

此类游戏在日常生活中随时可以进行，比如洗澡时，也可以准备各种大小不同的容器，让宝宝比较，借此提高其兴趣。在沙滩上玩时，也可以用容器盛沙子，问他哪一边的沙子比较多。

分糖果

益智目标

训练宝宝学数数。

游戏步骤

1.妈妈和宝宝坐在桌子旁，指着桌子上的糖果问："宝宝，这是什么？"宝宝回答正确后，妈妈说："对，这里有许多糖果。"妈妈让宝宝拿一个糖果，对宝宝说："拿一个糖果给妈妈好吗？"当宝宝做对以后要给予表扬。

2.妈妈告诉宝宝："宝宝再拿一个糖果送给爸爸。"宝宝做完后，爸爸也要表扬宝宝；妈妈再告诉宝宝："宝宝拿到第三个糖果给奶奶。"宝宝做对了，奶奶也要表扬宝宝。

3.妈妈问宝宝："宝宝一共拿走了几个糖果啊？都给谁了？"引导宝宝回答。

专家提示

此游戏可以初步引导宝宝感受1、2、3等数字，提升宝宝的数学智能。同时通过游戏还能培养宝宝与人分享的情感。

自然认知智能

我爱大自然

益智目标

提高宝宝的自然感知能力。

游戏步骤

1.选择天气晴朗的日子，带宝宝到户外或公园。

2.让他摸摸小石子，捡捡小树叶，动手做个野花野草编的小帽子戴在宝宝头上，做个简易小风车让宝宝握在手上迎风旋转。

专家提示

父母要经常带宝宝到户外或公园散步，引导宝宝观察、认识、感受大自然，通过宝宝在大自然中的亲身感受，引发宝宝对大自然的感情和喜爱。

辨食

益智目标

发展宝宝的味觉、触觉及判断能力，提高宝宝的自然能力。

游戏步骤

1.妈妈准备几种味道、硬度和温度不同的食物和饮料，准备时不要让宝宝看见。

2.妈妈对宝宝说："今天请宝宝扮演盲人，尝一些好吃的东西。但要在尝好后说出是什么东西，是什么味道。"接着，就用手帕蒙住宝宝的眼睛。

游戏时可品尝4种不同类型食品的味道：

吃饼干：分辨甜、咸味，给宝宝左手拿甜饼干，右手拿咸饼干。吃后举手示意哪只手拿的是甜饼干，哪只手拿的是咸饼干。

吃水果：分辨甜、酸味，给宝宝吃生梨、橘子、香蕉、柠檬、苹果、葡萄、西瓜等(根据当时季节选择水果)。问宝宝吃的是什么?是什么味道?

吃糖：分辨硬、软，可给宝宝吃硬的水果糖及软的奶糖。要求宝宝说出尝后的感觉，哪种硬，哪种软。

喝饮料：分辨冷、热、温，给宝宝分别尝冷开水(或冰水)、热汤、温开水，让宝宝喝后分辨冷、热、温的感觉。

3.游戏结束时，将手帕解开，让宝宝看看尝过的食品、饮料，并要求宝宝再说一次是什么？什么味道？

专家提示

在我们的日常生活中，有许多可提升宝宝自然智能的机会。这个游戏就可以让宝宝品尝、分辨不同的食物味道，丰富宝宝的味觉经验，提升宝宝的感觉智能。刚开始游戏时，可以让宝宝品尝2～3种食物，以后可逐渐增多。

分水果

益智目标

培养宝宝的观察思考能力。

游戏步骤

1. 将苹果和梨混放在一起，妈妈先做示范，将它们分开。

2.重复几次后，通过儿歌引导宝宝把苹果和梨分开来：

苹果、苹果红又红，
鸭梨、鸭梨黄又黄，
苹果，鸭梨香又香，
宝宝吃了身体壮。

专家提示

父母可利用常见的水果培养宝宝的自然观察力及认知能力。注意要将苹果和梨洗干净后再进行这个游戏，以免宝宝将脏水果送进口中。

右脑智能开发训练

身体运动智能

一个一个跑出来

益智目标

培养宝宝的手眼协调能力。

游戏步骤

1.准备空面巾盒1个，手绢和纱巾数条，小铃铛和小玩具2~3个。

2.把手绢和纱巾连接起来，扎上小铃铛和小玩具，放入面巾盒里，盒口留出一截手绢。

3.让宝宝坐在床上或者地毯上，面巾盒放在宝宝身前。妈妈示范，慢慢拉出手绢和纱巾，问道："一个一个跑出来，这是什么？"

4.把东西塞回去，拉住宝宝的手，再拉一次。

5.让宝宝自己拉，妈妈用夸张的表情和语言表示开心，鼓励宝宝。

专家提示

通过游戏，不仅能让宝宝的手指运动变得更加灵活，还能培养宝宝的想象力和语言表达能力。

扑蝴蝶

益智目标

提高宝宝走路的能力和平衡性。

游戏步骤

1.家长可在墙上吊一只纸做的彩色蝴蝶，高度以宝宝伸手能摸到为宜。离墙两米左右放一条彩带，并告诉宝宝这是一条"小河"。

2.家长对宝宝说："宝宝看，河那边有只很漂亮的蝴蝶，宝宝去把它捉住，好吗？"

3.家长鼓励宝宝跨过"小河"，走到墙壁边，取下蝴蝶。家长可表现出兴奋的

样子，为宝宝拍拍手："啊！把蝴蝶扑到了。"

4.让宝宝把蝴蝶带"回家"，鼓励他举着蝴蝶跨过"小河"。

5.家长可带领宝宝一起跨过"小河"，宝宝如有困难，带领宝宝反复练习，再鼓励宝宝独自跨过"小河"。

专家提示

宝宝熟悉以后，家长可以在地上设置其他种类的障碍，如放置一些小积木、沙包等，让宝宝从这些障碍物上一个一个跨过去。家长也可将蝴蝶的高度上调，训练宝宝踮起脚来扑蝴蝶。

拍气球，踩气球

益智目标

培养宝宝控制身体动作的能力，发展动作的协调性，提高宝宝肢体的协调能力。

游戏步骤

1.家长准备一些小气球，将球系在胳膊上或腿上。

2.家长在前面走，让宝宝追身上的气球，停下来时，让宝宝拍拍胳膊上的气球，或用脚去踩系在腿上的气球。

专家提示

一定要注意宝宝的安全，给球充气时，要避开宝宝的脸或小手，以防伤到宝宝，禁止宝宝用两只手去捏气球。走动时要注意控制速度，以宝宝能触摸到气球为宜，隔一段时间要停下来，让宝宝踩到气球，以增强他对活动的兴趣。

投沙包

益智目标

培养宝宝肢体协调能力。

游戏步骤

1.妈妈准备一个沙包和一个轻便的容器。

2.妈妈和宝宝面对面站好，相距几步就可以了。妈妈把沙包投向宝宝，让宝宝拿着容器去接。

3.和宝宝进行比赛，宝宝扔沙包，妈妈接，看谁接得多。

专家提示

此时的宝宝很喜欢玩扔、丢、投等游戏，通过与父母的互动，能培养宝宝手眼协调能力，并锻炼小肌肉运动。注意在游戏前要把地板擦干净。

音乐智能

跟着节奏摆动

益智目标

提高宝宝的节奏感。

游戏步骤

1.和宝宝面对面，让宝宝坐在家长腿上，双手拉着宝宝的小手，轻轻地左右摇摆，口中唱着儿歌或童谣。

2.歌曲也可换成不同的节奏。反复唱几次，偶尔中途停下来看看宝宝的反应，再决定是否继续。

专家提示

父母唱儿歌或童谣时语调要欢快，动作要轻柔，并配合节奏，让宝宝跟着节奏轻轻摆动。

火车开，轰隆隆

益智目标

提高宝宝的音乐感知能力。

游戏步骤

1.妈妈为宝宝准备一盘模仿火车节奏的音乐磁带和一个小凳子。

2.妈妈引导宝宝模仿火车的声音："咔嚓，咔嚓，呜——"妈妈可用儿歌的形式，和宝宝一起开火车：

小板凳啊摆一排，
我和宝宝坐上来，
坐上来呀坐上来。
我的火车跑得快，
我当司机把车开，轰隆隆……

3.妈妈和宝宝也可分别坐一个凳子，进行比赛，看谁跑得快。

专家提示

这个游戏不仅能提高宝宝的音乐能力，还能锻炼宝宝的听力，让宝宝的身体动作与音乐的节奏一致，对提高宝宝的音乐智能有很大的帮助。

人际智能

请爸爸妈妈喝水

益智目标

增强宝宝与他人的合作能力。

游戏步骤

1.妈妈准备一个小围裙和几个茶杯。

2.全家人一起围坐在沙发上，茶几上放有茶盘和几个杯子，妈妈将杯子里各盛半杯水。

3.妈妈给宝宝戴好围裙，激发宝宝为大家送水的兴趣，然后让宝宝双手端着杯子，逐一送到全家人的手中。并让宝宝边送边学说：“请爸爸喝水。”“请妈妈喝水。”父母应回答：“谢谢宝宝!”

专家提示

通过与家人的互动，培养宝宝对家人的关爱之情，宝宝会逐渐养成心中有他人的良好品质，从而增强与他人的合作能力，促进人际关系智能的发展。

鸡妈妈和鸡宝宝

益智目标

培养宝宝的社交智能。

游戏步骤

1.妈妈和宝宝分别扮演鸡妈妈和小鸡宝宝。

2.鸡妈妈和心爱的小鸡到花园寻找食物，鸡妈妈“咯咯”地叫，小鸡“叽叽”地跟着鸡妈妈。

3.鸡妈妈累了，就睡着了(这时妈妈要闭上眼睛)，当鸡妈妈睡着后，小鸡就走开并且躲起来(让宝宝藏起来)。

4.鸡妈妈睡醒了(这时妈妈睁开眼睛，开始找宝宝)，到处焦急地寻找小鸡。小鸡听到叫声，在躲的地方“叽叽”地回答。

5.这样一叫一答，鸡妈妈终于找到了小鸡，并亲切地将小鸡抱在怀里。

专家提示

家庭是孩子最早开始人际交往的场所，亲人也是宝宝最早的交流对象。通过游戏，宝宝的社交智能会逐渐提高，而且还会有特别的情绪体验，感受妈妈对他的爱与关怀。

内省智能

娃娃要尿尿

益智目标

培养宝宝的生活自理能力。

游戏步骤

1.妈妈给宝宝准备一个娃娃和一个便盆，然后提醒宝宝，娃娃要尿尿了，让宝宝抱着娃娃尿尿，看宝宝是否会将娃娃的裙子或裤子拉下来，让娃娃坐在便盆上。

2.娃娃“尿”完后，妈妈要看宝宝会不会将娃娃的裙子或裤子拉上，再将便盆放好。

3.如果宝宝不会，妈妈要引导宝宝给娃娃整理好衣服，然后和宝宝一起整理便盆。

专家提示

此游戏能提醒宝宝大小便时要将裤子拉下，便完后再将衣服拉好，整理好，培养宝宝的生活自理能力。

小乘客

益智目标

培养宝宝的自我控制能力和规则意识。

游戏步骤

1.妈妈准备一把小椅子，让爸爸当司机，宝宝当乘客。

2.妈妈说："汽车马上要开啦，宝宝快上车吧。"妈妈抱宝宝坐在椅子上，面对椅背。爸爸说："汽车开啦"，然后以椅背的两条腿为支点，挪动椅子。

3.爸爸说："汽车到站了，乘客下车。"把宝宝从椅子上抱下来，让宝宝挥手再见。继续挪动椅子，游戏循环进行。

4.刚开始，爸爸的动作要慢一些，以后逐渐加快。

专家提示

游戏过程中，宝宝往往会不遵循游戏规则，汽车到站后仍坐着不愿下。家长要耐心地开导他，告诉他："宝宝到家了，爸爸妈妈都等着你，看不见宝宝会着急的。"

空间智能

对称的座垫

益智目标

提高宝宝的空间想象能力。

游戏步骤

1.在宝宝用的座垫上缝出左右对称的动物，下面再缝上宝宝的脚形。然后再做两对比在座垫缝上的脚形还小的脚形，共四片。

2.把座垫放在宝宝前面，对宝宝说："来，宝宝，这儿有你的脚形哦！把你的脚踏在上面。"让宝宝依照你的指示做。妈妈接着说："对，将你的脚放在脚形上。是不是很合适？"让他观察。这时不可能脚交叉着站。所以，很自然地，宝宝会记住自己的脚形。

3.缝出的脚形上面再摆上准备好的较小的脚形，依大小顺序叠上去。然后提醒宝宝："左右是否不一样？大小一样吗？前后呢？"让宝宝仔细观察。

专家提示

从左右对称的实物游戏中，教宝宝对称的意义，从而提高宝宝的空间想象能力。注意要在宝宝疲倦之前停止游戏。

追玩具车

益智目标

帮助宝宝掌握空间知觉。

游戏步骤

1.妈妈将玩具小车用绳拴好。

2.妈妈在前面拉着玩具小车，让宝宝在后面追，妈妈拉着玩具小车边走边说："妈妈在前面拉小车，宝宝在后边追妈妈，追呀，追——"当宝宝追上，停下脚步蹲下准备抓玩具时，妈妈再拉着玩具小车走几步，让宝宝站起身再追。

3.反复几次后，要让宝宝抓到玩具小车，以提高宝宝的游戏积极性。换过来，让宝宝拉着玩具在前面跑，妈妈来追。

专家提示

游戏中通过训练宝宝走、下蹲、站起等动作，不仅让宝宝逐渐感知到空间的变化，丰富了宝宝的空间知觉能力，同时还增强了宝宝的运动能力。

星星、月亮和白云

益智目标

培养宝宝的观察力，丰富宝宝的想象力。

游戏步骤

1.妈妈带宝宝一起到户外观察天上的白云，引导宝宝想象天上的白云像什么。如妈妈说："我觉得云像一只小猪，宝宝觉得云像什么？"

2.利用云形状的变化，妈妈可以与宝宝一起编故事，如："我看到一只山羊在跑！它跑到哪里了呢？"并引导宝宝接下去："跑到花园里了，遇见什么了呢？"

3.妈妈和宝宝一起看月亮和星星，告诉宝宝天上有一个月亮和许多星星，并引导宝宝说一说月亮、星星像什么，如"月亮像一个盘子，星星像一颗明珠"。

专家提示

观察宝宝是否能流畅地思考，是否具有想象力，如果宝宝的想象力较弱，就应从充实宝宝的生活经验着手培养。除非宝宝的想象有了本质上的偏差，否则不建议父母用自己的思维来约束宝宝的想象力。

小花猫钻山洞

益智目标

提高宝宝的空间智能。

游戏步骤

1.爸爸在干净的地毯上，膝盖着地，手撑地，搭成一个“山洞”。

2.在爸爸身体的一侧堆放一些宝宝喜欢的玩具，鼓励宝宝钻过“山洞”，向前爬，拿回玩具。

3.宝宝拿到玩具后，鼓励宝宝往回爬，把玩具交给妈妈。

4.宝宝钻过“山洞”时，爸爸、妈妈要为宝宝欢呼加油。

5.宝宝拿回玩具时，妈妈要及时鼓励并数数。

专家提示

变换身体方位和空间感觉的爬行游戏不仅有助于丰富宝宝的空间知觉，为宝宝的空间智能发展打下良好的基础，还能锻炼宝宝爬行，提高其行走和站立能力。

第2章

第15～16个月

宝宝左脑右脑智能开发

宝宝体能智能发育状况

本月训练要点

1.培养良好的生活习惯、睡眠与进食规律。

2.培养孩子的动手能力，握勺吃饭，脱袜子，训练握笔画画等。

3.训练宝宝自己跑的能力。

4.教宝宝认识三角形

5.教宝宝认识白色。

宝宝左脑右脑智能发展参考水平

左脑

语言智能：能回答生活中简单的问题

数学逻辑智能：学会数数，能分清“1”和“许多”

自然认知智能：能自己动手吃一点饭

右脑

身体运动智能：能独立行走，并开始学跑

音乐智能：能配合音乐运动，也能哼唱一两句曲调

人际智能：能同别人配合玩游戏

内省智能：能用几个单字表达自己的意愿

空间智能：喜欢玩呼啦圈

宝宝体格发育参考标准

身长

男孩

74.6~87.4厘米，平均81.0厘米

女孩

72.8~86.0厘米，平均79.4厘米

我的宝宝：______厘米

体重

男孩

8.9~13.7千克，平均11.3千克

女孩

8.2~12.9千克，平均10.5千克

我的宝宝：______千克

头围

男孩

44.5~49.7厘米，平均47.1厘米

女孩

43.5~48.5厘米，平均46.0厘米

我的宝宝：______厘米

胸围

男孩

43.5~51.5厘米，平均47.5厘米

女孩

42.4~50.2厘米，平均46.3厘米

我的宝宝：______厘米

囟门

大多数宝宝一岁半左右前囟门完全闭合

我的宝宝：______

牙齿

大多数宝宝已经长出8~12颗牙齿

我的宝宝：______

促进宝宝智能发育的营养方案

宝宝已经一岁多了，各方面的营养需求都在加大。处于以乳类为主食向普通食物转化的时期，这个阶段的哺喂原则是营养要全面，以保证身体生长需要；三餐热量要根据幼儿活动的规律合理分配；食物品种要多样化，一周内的食谱尽量不要重复，以保证宝宝良好的食欲。

宝宝的牙齿越来越多，主食便逐渐转为以混合性食物为主，但是此时宝宝的消化系统还尚未成熟，不能随意给宝宝吃和大人一样的食物，而是要根据宝宝的生理特点及营养需求制作宝宝单独的食物。在这方面，一般提倡少食多餐，同样以三餐为主，只是在每餐中间可适当地给宝宝加些点心、瓜果之类的。

父母须知

怎样训练孩子的语言表达能力：

1.看：在教育孩子过程中，要有计划地带孩子直接观察，给他创造条件，采用直观形象的方法，引起孩子学习的兴趣。

2.听：培养孩子注意倾听，这是发展他表达能力的先决条件。孩子学习语言，首先就要会听，听得准确、听得懂，然后才有条件正确地模仿着说。

3.说：要给孩子创造说的环境，在说话中练习说话。家长在日常生活中，应利用与孩子接触的一切时机进行交谈，在交谈中建立感情，使孩子无拘无束，有话愿意讲出来。当孩子用词不当时，家长需及时纠正。

4.练：发展孩子的语言表达能力，主要是培养他正确发音、丰富词汇，并能正确运用，教会他按照汉语语法规则讲话。这些内容，都得在语言实践中学习、掌握。这就要让孩子多练习，重复地练习，逐步掌握。给孩子提供多练习的机会，创造练习环境。孩子发音不准，家长要注意及时纠正。只要孩子肯练，他就能掌握得更快、更好。

语言智能

这是什么

益智目标

促进宝宝语言智能的发展。

游戏步骤

1.妈妈准备一些玩具和日常生活用品，如小汽车、娃娃、布偶、积木、叉子、汤匙、杯子、椅子、拖鞋等等。

2.把这些东西摆好，对宝宝说："这些都是你知道的东西。"接着逐一把它们拿起来，问他："宝宝，这是什么？"让他做出回答。如果他不知道，就告诉他："这是椅子。"妈妈要以温和的态度教他认识各种物品。

3.逐一简单介绍各种物品的用途及使用方法，如："杯子是用来喝水的"等等。

专家提示

让宝宝说出玩具或日常用品的名称，借此丰富他的语言词汇量。父母给宝宝准备的物品当中不要有锋利的边角，以防划伤宝宝。

公鸡喔喔叫

益智目标

发展宝宝的语言能力。

游戏步骤

1.妈妈准备一个公鸡毛绒玩具、公鸡图片或画册。

2.妈妈拿出公鸡图片，告诉宝宝："这是大公鸡，它有红红的冠子，美丽的羽毛，多漂亮啊！它是怎么叫的呢？"

3.引导宝宝学公鸡叫："喔喔喔"。

4.妈妈还可以拿一些其他动物图片或玩具来让宝宝学动物叫。

专家提示

这个时期是宝宝理解语言和对语言产生兴趣的关键时期，爸爸、妈妈要根据宝宝的实际发育情况，多开展一些类似的游戏活动，以发展宝宝的语言能力。

用声音回答

益智目标

引导宝宝说话，促进语言交流能力。

游戏步骤

1.妈妈给宝宝讲故事，一面讲一面提问宝宝："故事里都有什么动物呢？"宝宝可能会用手指小猫、小兔子。妈妈也用手指着小猫说："小猫"，然后让宝宝也跟着说几遍。

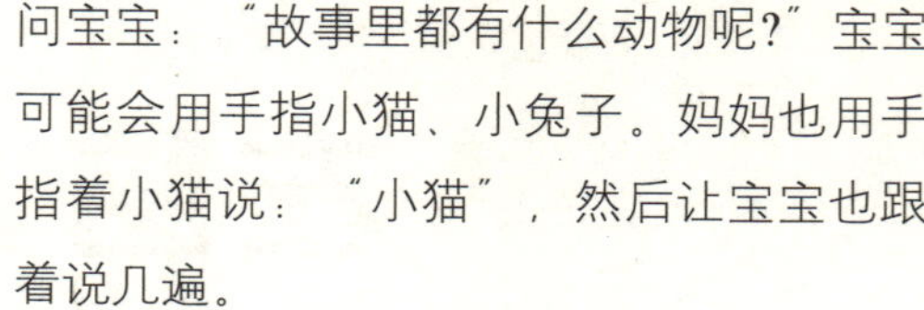

2.妈妈再问宝宝："小兔子去干吗了？"宝宝会指指萝卜，妈妈也指着萝卜说："拔萝卜。"引导宝宝跟着说几遍。

专家提示

每天帮助宝宝学习几个字或几句话，并多重复几次，能让宝宝记住用声音回答问题，学会多发几个音，多练习说话，以提高语言智能。

数学逻辑智能

儿歌里的数字

益智目标

增强宝宝对数字的敏感度，提高数学学习能力。

游戏步骤

1.家长唱儿歌给宝宝听，"我说1，1张纸来1支笔，学习数学做练习，都要用到纸和笔。我说2，身上长着多少2？左边右边数一数，眼睛、手脚和耳朵。"

2.让宝宝分句跟唱，一边唱一边用手比划出句中所含数字。

3.练习几次后，唱一句儿歌，问宝宝："歌里有什么数字呀？"接着用手比划出数字提醒宝宝。

专家提示

初步引导宝宝感受1、2、3等数字，逐渐丰富数学智能。注意儿歌不能太长，也不要包含太多数字，否则宝宝一时很难接受。

一样多吗

益智目标

引导宝宝学数数，形成分类、集合概念。

游戏步骤

1.妈妈挑选形状、颜色各异的一些积木，和宝宝一起进行分类匹配游戏。

2.妈妈首先按照颜色将积木分类，接着按照积木的形状分类，教宝宝认识各种颜色和形状。

3.妈妈可以将相同颜色的积木放成一排，让宝宝数数是几个，再看看各种颜色积木是否一样多。

4.妈妈再将相同形状的积木放成一排，让宝宝数数是几个，再看看各种形状的积木是否一样多。

专家提示

此时的宝宝对数量很敏感，家长要给宝宝创造足够的机会，运用适当的方法引导宝宝去比较和形容数量，让宝宝尽早掌握这些概念。

用手指数数

益智目标

让宝宝理解数量的概念。

游戏步骤

1.妈妈递给宝宝一个苹果，并对宝宝说："1个苹果"，同时妈妈用一根手指表示1，边做边说："1个苹果。"妈妈要鼓励宝宝模仿自己，如果宝宝做不到，妈妈要帮助宝宝来做。

2.妈妈教宝宝用同样的方法学习数字2和3。以后可以逐渐不用玩具，培养宝宝听到"1"、"2"就会用手指表示。

专家提示

宝宝现在基本只能理解3以内的数量，父母要尽量强化宝宝对3以内数量的理解能力，从而逐渐让宝宝认识更多的数字。

自然认知智能

做个拓印小能手

益智目标

引发宝宝热爱大自然的情怀，提高宝宝的动手能力。

游戏步骤

1.准备好双面胶带、纸、油画棒、纸盒子、大大小小的塑料环状物，去户外游玩。找一棵树皮比较粗糙、皱折多的树。帮助宝宝小心地用双面胶把纸贴在树皮上，然后，教宝宝用油画棒在纸上轻轻地擦，要用油画棒的侧面擦，以免笔尖刺破纸。尝试换几种不同的颜色拓印同一棵树，再试试拓印不同的树，看看效果有什么不同。

2.在塑料的环状东西上贴上双面胶带，把小花小草粘在上面，给宝宝当手镯、项链或花环戴。宝宝会很喜欢这些天然装饰品的。也可以让他试着给你做一些，你也戴上。在纸盒子的外面贴上几条双面胶带，用来粘一些比较轻的小东西，如花瓣、树叶、小贝壳等，作为盒子的装饰。另外将一些找到的小东西(如小石头、树叶等)放进盒子里。

专家提示

带着宝宝给自然来次拓印，把自然的神奇和美带回家。自然的拓印往往能收到意想不到的效果，记得同时收集一些花瓣、树叶、贝壳、麦杆等带回家，作为以后游戏的材料。

给水果找家

益智目标

培养宝宝的观察及认知能力，刺激自然智能的发展。

游戏步骤

1.妈妈准备一些宝宝爱吃的水果，如苹果、香蕉、橘子、葡萄等，再准备几个贴着相应水果图案的水果盘。

2.妈妈拿出准备好的水果，让宝宝认一认，并告诉宝宝有关水果的颜色、味道等属性，然后妈妈示范着将各种水果放入有相应图案的果盘里。

3.将水果从果盘中取出，鼓励宝宝也来放一放，如果宝宝放对了，妈妈要将水果奖励给宝宝。

专家提示

此时的宝宝已经能认识很多常见的水果了，并能知道它们的颜色、形状、味道等。父母可利用常见的水果培养宝宝的自然观察力及认知能力，刺激宝宝自然智能的发展。

身体运动智能

采蘑菇

益智目标

训练宝宝走和蹲的动作，提升宝宝的肢体协调能力。

游戏步骤

1.爸爸妈妈准备一个小提篮、一只玩具兔子，一些彩色硬纸剪成的蘑菇，并将蘑菇散落在地上。

2.取出玩具小兔，说：“小兔子饿了，宝宝给采一些蘑菇。”

3.让宝宝提着篮子拾蘑菇，再走回父母身边来。

专家提示

蘑菇不要太多，不要让宝宝蹲的时间过长。蘑菇放得不要太集中，让宝宝在采蘑菇时四处找找，训练宝宝的观察力，提醒宝宝忽略的蘑菇。家长可和宝宝一起采蘑菇，增加宝宝的兴趣。

骑大马

益智目标

发展宝宝动作的协调性。

游戏步骤

1.家长问宝宝：“大人是怎样骑马的呀?”然后启发宝宝想象，并模仿出家长骑马时的样子。家长可为宝宝准备竹竿或别的东西代表马。

2.家长针对宝宝的反应和动作表现，进行适当的引导和帮助，使宝宝逐渐学会骑马奔跑的动作。即两只脚始终是一只脚在前、另一只脚在后，做轮流向前跑动的动作。同时，一只手拿着竹竿，另一只手臂屈肘置于身体的一侧，手微握拳，像手握住马的缰绳一样，配合着两脚做协同一致的上下颠簸动作。

3.家长可以带着宝宝一起做动作。

专家提示

游戏前，家长让宝宝看有关骑马的图片或电视，以便在宝宝的头脑里留下骑马动作的印象。注意游戏时动作幅度不要太大，以防宝宝受伤。

爬上爬下

益智目标

训练宝宝的四肢，促进手脚和全身动作的协调性。

游戏步骤

1.清除屋内可能伤到宝宝的障碍物，帮助宝宝伸展四肢。

2.妈妈把床上的被子叠好放在中间，让宝宝爬上爬下。

3.当宝宝能在平地上爬得很灵活之后，再适当地让他爬一爬台阶、楼梯。在练习中要注意宝宝的安全，太高的楼梯不要让宝宝去爬。

专家提示

进行有目的的爬行训练，可以增强宝宝四肢肌肉的力量和耐力，提高身体运动的灵活性及平衡能力。游戏过程中，父母一定要注意辅助宝宝，以免发生意外。

取珠子

益智目标

锻炼宝宝的手部灵活性。

游戏步骤

1.妈妈准备三个珠子，分别用线拴好，再准备一个窄口瓶子。

2.妈妈把拴线的三个珠子放入瓶内，瓶口只能进出一个珠子，然后让宝宝从瓶内取出三个珠子。宝宝如果想把三个一块儿取出来，就会抓住三根线一齐向外拉。这时妈妈要引导宝宝来想办法，问问宝宝："为什么三个珠子一起取就出不来呢？如果一个一个取呢？宝宝试试看。"如果宝宝一个一个地取了出来，妈妈别忘了鼓励宝宝。

3.妈妈还可以和宝宝比赛，看看谁先把珠子取出来。

专家提示

此游戏不仅能锻炼宝宝小手的灵活性，还能刺激宝宝思考、推理，从而提高宝宝的精细运动和思考的能力。

音乐智能

大拇哥，二拇弟

益智目标

提升宝宝的音乐智能。

游戏步骤

1.妈妈摊开宝宝的左手，一个一个地点宝宝的手指头，一边说歌谣：

大拇哥，二拇弟，中三娘，
四小弟，小妞妞，来看戏，
手心手背，心肝宝贝。

2.左手做完，换成右手做，交替进行。

3..妈妈让宝宝用双手交叉握在一起，引导宝宝做手指抬起的动作：

大拇哥跳一跳，二拇弟跳一跳，
中三娘跳一跳，四小弟跳一跳，
小妞妞出来了，大气球爆炸了，
哗啦啦，哗啦啦。

妈妈在说到“大气球爆炸了”时，打开宝宝的双手，让宝宝用动作表示“哗啦啦”。

专家提示

此游戏可以丰富宝宝的声音感知能力，提高宝宝大脑的反应能力。多听妈妈读的歌谣并做出相应的动作，宝宝渐渐会随着妈妈说出歌谣中押韵的某个字来。

人际智能

红绿灯

益智目标

培养宝宝良好的社会情感。

游戏步骤

1.爸爸和宝宝前后一排站好，宝宝拉着爸爸的衣服。爸爸做“车头”，宝宝做“车身”，然后由“车头”带着“车身”走或跑，边走边带着宝宝学汽车“嘀嘀”地叫。

2.妈妈用纸板做两个牌子，上面分别写着“红灯”和“绿灯”。当妈妈举起“红灯”时，“汽车”要停下；当妈妈举起“绿灯”时，汽车开始行走。

专家提示

此游戏不仅能给宝宝带来较多的走和跑的机会，帮助宝宝理解“红灯停，绿灯行”的交通规则，还有促进宝宝大脑协调的作用。

内省智能

把物品放回原处

益智目标

培养宝宝的责任心。

游戏步骤

1.爷爷在看报时会用放大镜，当宝宝发现放大镜下面的字有变化时肯定会很感兴趣。

2.妈妈可以让宝宝学着爷爷的样子，先用放大镜对着报纸看，然后用放大镜看远处。这时妈妈可以在旁边告诉宝宝，放大镜可以将东西放大。

3.妈妈让宝宝把玩完的放大镜放回原处，并告诉宝宝，以后拿任何东西用完之后都要放回原处。

专家提示

宝宝会对外界事物充满好奇，父母应尽量满足宝宝的好奇心，并进行适当引导。游戏中，要提醒宝宝将放大镜玩后放回原处，从小培养宝宝的责任心。

宝宝去马桶拉臭臭

益智目标

提升宝宝的自理能力。

游戏步骤

1.宝宝入睡5分钟后，妈妈一边抚摸宝宝的身体，一边和宝宝说话："妈妈这样摸一摸，宝宝就可以睡得很香。宝宝闭上眼睛，不要睁开，乖乖地听妈妈给你讲。"

2.妈妈继续说："宝宝现在正在做梦，清早醒来阳光透过窗子照在宝宝的小床上，妈妈对宝宝说早上好，宝宝也说早上好……宝宝对妈妈说要拉臭臭，然后宝宝自己走到马桶前，脱下裤子在马桶上坐下来，宝宝拉得好舒服……"把宝宝的梦境详细描述出来。

专家提示

此游戏法取自日本教育专家七田真的五分钟暗示法，还可用于其他项目，如上下楼梯、学骑自行车时，注意声音和动作都要轻柔，以免惊醒宝宝。不要急于求成，一次暗示只能有一个简单的动作，可以多重复几遍。

空间智能

背狗狗

益智目标

提高宝宝的空间知觉能力。

游戏步骤

1.爸爸把宝宝背在背上，走来走去，呈边摇晃，一边哼着歌谣：

背狗狗，背狗狗，背在背上热乎乎，

谁要买，快来买。

妈妈说：“不买。”

2.爸爸背着宝宝继续走来走去，一边哼着歌谣：

背狗狗，背狗狗，背在背上热乎乎，

谁要买，快来买。

爷爷说：“没钱买。”

3.奶奶把宝宝抱过来：“人家不买我要买，好乖乖，奶奶最喜欢。”拍拍宝宝小屁股，亲亲小脸蛋。

专家提示

此游戏不仅能丰富宝宝的空间知觉，为宝宝的空间智能发展打下良好的基础，还能提高宝宝的语言智能。

投球

益智目标

锻炼宝宝认识空间方位的能力。

游戏步骤

1.妈妈为宝宝准备一个皮球和一个球筐。

2.妈妈让宝宝站在离球筐1～2米的地方，宝宝抱着球准备扔球，当妈妈喊“一，二，三，投球”时，让宝宝把球向球筐内投去。

3.如果宝宝投进了，妈妈要表扬。游戏可以反复多次，让宝宝听妈妈的口令去投球。

专家提示

通过游戏能让宝宝练习向前投掷的动作，促进宝宝身体的协调能力和平衡能力，更重要的是能锻炼宝宝对上、下、里、外等方位的认知能力。

积木堆堆高

益智目标

训练宝宝对方位的认知能力。

游戏步骤

1.妈妈为宝宝准备一些方形、圆形、三角形等不同形状的积木。

2.妈妈和宝宝一边堆积木，一边告诉宝宝积木的形状。

3.妈妈可以先给宝宝做示范，搭建简单的房子、门洞、汽车等，然后引导宝宝自己塔建。

专家提示

通过这个游戏，可帮助宝宝训练动手能力和手脑协调性，认识高矮、上下的概念，发展宝宝的想象力，培养宝宝的发散思维和独立创造性。

画芝麻饼

益智目标

培养宝宝的形态认知能力。

游戏步骤

1.妈妈在纸上画一个圆形，告诉宝宝："这是芝麻饼。"

2.让宝宝在这个饼上画上点点，当做芝麻，告诉宝宝这是要给小猫吃的。妈妈要提醒宝宝不要把芝麻涂到饼的外面，那样小猫就吃不到了。

3.等宝宝画好后，妈妈再画一个横着的"8"字当做鱼，引导宝宝在规定的地方画一个点做鱼的眼睛，不可以画到规定地方的外面。

专家提示

此游戏可以帮助宝宝认识更多的图形，丰富宝宝的思维能力和控制能力。

第3章

第17～18个月

宝宝左脑右脑智能开发

宝宝体能智能发育状况

本月训练要点

1.训练宝宝认识一些日常用品的用途，学习自己整理玩具。

2.训练宝宝学会打电话。

3.鼓励探索，增加认知，多带孩子去户外。

4.认识物品、周围环境与自然界的各种现象。

宝宝左脑右脑智能发展参考水平

左脑

语言智能：能够听懂别人叫自己的名字

数学逻辑智能：理解“5”的含义

自然认知智能：能对不同的水温做出反应

右脑

身体运动智能：能模仿不同的小动物做动作

音乐智能：喜欢发出一些不同音阶的声音

人际智能：懂得和别人分享好吃的东西

内省智能：在镜中真正认识自己的存在

空间智能：能从较远处将套圈套在目标物体上

宝宝体格发育参考标准

身长

男孩

76.3～89.5厘米，平均82.9厘米

女孩

74.8～88.1厘米，平均81.2厘米

我的宝宝：______厘米

体重

男孩

9.1～14.1千克，平均11.6千克

女孩

8.5～13.3千克，平均10.9千克

我的宝宝：______千克

头围

男孩

44.8～50.0厘米，平均47.4厘米

女孩

43.8～48.6厘米，平均46.2厘米

我的宝宝：______厘米

胸围

男孩

43.8～51.8厘米，平均47.8厘米

女孩

42.7～50.7厘米，平均46.7厘米

我的宝宝：______厘米

囟门

大多数宝宝前囟门已闭合

我的宝宝：______

牙齿

大多数宝宝已经长出12颗牙齿

我的宝宝：______

促进宝宝智能发育的营养方案

这个阶段的宝宝乳牙已经大部分出齐，消化能力进一步提高。同时，宝宝开始表现出对某种食物的偏好，也许今天吃得很多，明天只吃一点儿。不要为此过分担心，也不必刻板地追求每一餐的营养均衡，甚至不必追求每一天的营养均衡，只要在这个阶段内给宝宝提供尽可能丰富多样的食品供他选择，宝宝就能够摄取充足的营养。

17～18个月宝宝总体的营养需求量要高于婴儿期。虽然可以咀嚼成形的固体食物，但依旧还是要给他吃些细、软、烂的食物。根据宝宝用牙齿咀嚼固体食物的程度，为宝宝安排每日的饮食，此时宝宝可从规律的一日三餐中获取均衡的营养。最好选择蔬菜、鱼肉、低盐、少油的清淡饮食。如果饮食结构不合理，很容易造成宝宝营养不良，通常表现为食欲欠佳、抵抗力弱、运动发育落后、骨骼畸形等症状。因此，在宝宝成长过程中要注意观察。如果宝宝虽出现消瘦，但体重呈持续增加状态，饮食量虽减少，但大便依然规律，精力旺盛，无皮肤颜色苍白、头发稀少而黄、骨骼畸形等情况，就说明宝宝处于正常的发育状态。

1岁半的宝宝正处于智力发育时期，通常家长们会给宝宝添加鱼油，因为鱼油中含有DHA和EPA两种特殊的脂肪酸，DHA和EPA对宝宝的神经系统发育很有帮助，而陆地上的动植物油脂中几乎都不含有这两种脂肪酸。因此，家长们常把鱼油作为益智食物添加，其实宝宝1岁以后可摄入各种自然食物，只要让宝宝经常吃些深海鱼(如马哈鱼、三文鱼、鲑鱼等)，自然就不会缺少益智因子。

父母须知

1～3岁宝宝正处于发展自我意识的阶段，这个阶段，他们逐渐意识到自己的身体、思想，渐渐地把自己与他人区分开来，交往行为也由无意识变为有意识。但是，宝宝的自我意识发展不是一蹴而就的，需要在生活中积累经验，父母要做的就是帮助宝宝认识自己，然后再教会宝宝认识他人。了解他人首先要从和宝宝关系最亲密的人开始，那就是宝宝的家人，要宝宝关心他人也要从这里开始培养。

语言智能

表达意思

益智目标

提高宝宝的语言交流能力。

游戏步骤

1.将宝宝的玩具放在宝宝面前，问他："这是你的玩具吗？"教宝宝回答"是"或"不是"。

2.倒一杯水递到宝宝面前，问："宝宝要喝水吗？"教宝宝回答"要"或"不要"。

专家提示

此游戏可以训练宝宝用肯定或否定语言正确表达自己的要求，教宝宝回答时配合点头与摇头动作。每次训练3遍，直到他能用"是"或"不是"的语气回答问题。

给宝宝讲故事

益智目标

丰富宝宝的语言能力。

游戏步骤

1.妈妈选择故事情节简单，并配有图画说明的故事书，让宝宝一边看图画，一边听妈妈讲故事。

2.妈妈可以将故事反复给宝宝讲几遍，使宝宝对故事情节有粗略的记忆。

3.妈妈可以根据故事提问题，让宝宝回答。如"故事里都有谁，他们在做什么？"等。

4.妈妈还可以将故事内容延伸，如故事里出现小猫，可让宝宝学学猫的叫声。

专家提示

通过游戏，可以训练宝宝倾听家长讲话的习惯，训练宝宝的注意力；还能丰富宝宝的词汇，提高宝宝的语言能力。家长选择图画书构图要简单，颜色要鲜艳，设计的提问不要太复杂。

打电话

益智目标

训练宝宝的语言能力。

游戏步骤

1.妈妈准备两个玩具电话，和宝宝一起玩打电话的游戏。

2.妈妈拿起一个玩具电话放在耳边，把另一个玩具电话给宝宝，引导宝宝学妈妈把电话放在耳边。

3.妈妈问："你是谁啊？"让宝宝回答："我是××。"说出自己的名字。妈妈再问："你爸爸在家吗？"让宝宝回答"在"或"不在"。

专家提示

此游戏可以引导宝宝多说话，宝宝开始可能不会说，父母要耐心引导，并随时将话题转移到宝宝还不会说的话题上，开阔宝宝的说话范围。

数学逻辑智能

抛气球游戏

益智目标

提高宝宝的数学学习能力。

游戏步骤

1.妈妈把气球一个一个抛到宝宝手边，让他对准飘来的气球拍击，无论拍到什么地方都可以。

2.妈妈连续发球，宝宝连续拍，同时要他数数1、2、3……拍到七八个时，妈妈停止发球，让宝宝说他拍了几个。

专家提示

此游戏可以锻炼宝宝自己数数的能力和记数能力，游戏时妈妈不要跟宝宝一起数数哦，要让宝宝自己数，如果宝宝不会，妈妈可以适当加以引导。

棋子比赛

益智目标

提升宝宝的数学能力。

游戏步骤

1.妈妈和宝宝围着棋盘坐下。让宝宝

决定要哪种颜色的棋，宝宝决定之后，妈妈和宝宝各拿好自己的棋子。

2.妈妈说："开始！"宝宝和妈妈将自己的棋子排列到棋盘上，直到妈妈喊"停"为止，然后让宝宝比较谁排得多，谁排得少，游戏可反复进行。

3.当游戏结束时，将棋子一个一个收回。比如，放一个，说："1个。"再放一个，再说："1个。"这样同时使宝宝理解"1"。

专家提示

让宝宝认识多与少，并在游戏中培养宝宝学习数学的兴趣。家长应根据宝宝排的多少来决定自己排的多少，因为要和宝宝有一个明显的区别。比如，宝宝排5个，妈妈可排10个左右。妈妈也可比宝宝排得少，以激发宝宝的游戏兴趣。

大鞋子，小鞋子

益智目标

引导宝宝感知大与小的关系，提高宝宝数学智能。

游戏步骤

1.准备爸爸、妈妈和宝宝的干净鞋子各一双，放在宝宝面前，让宝宝看一看，再给宝宝讲讲三双鞋子哪里不同。

2.妈妈拿起爸爸的鞋子，问宝宝："这双鞋是谁的?"如果宝宝回答不出，就直接告诉宝宝："这是爸爸的鞋子。"

3.用手比画爸爸的鞋子非常大，宝宝的鞋子非常小，妈妈的鞋子不大也不小。妈妈还可以让宝宝分别穿这三双鞋子，让宝宝感受一下大小。

专家提示

在日常生活中，引导宝宝指认一些大小不同的物体，从而巩固宝宝对"大小"关系的理解。

自然认知智能

吹泡泡

益智目标

提高宝宝的自然能力。

游戏步骤

1.妈妈先做示范，把洗脸盆装满水，将脸凑到水面，用嘴轻轻地吹气。尽量维持长时间的呼吸。如果觉得不舒服，就抬起脸。为避免鼻子吸入水，张开嘴，用力吸气。

2.对于宝宝，开始时只给他洗脸盆，让他和你一起练习。反复几次后，待宝宝熟练后再装水，让他实际练习。

3.用洗脸盆学会呼吸法的要领之后，当洗澡游泳时，就可以让宝宝试一试。

4.当宝宝可以很自然地在水中呼气，抬起头来吸气之后，就可以让他练习在水中憋气，脸抬起来时再将嘴大大地张开，“叭”一声呼气。

专家提示

此游戏可以让宝宝学习游泳时正确的呼吸法。注意游戏时间不要过长，以免呛着宝宝。

水温

益智目标

让宝宝学会辨别水温的高低，丰富宝宝的自然知识。

游戏步骤

1.妈妈准备三个脸盆，分别倒入热水、温水和凉水。

2.妈妈可以握着宝宝的小手，点一下热水盆里的热水，然后迅速拿开，让宝宝可以感受一下水温。然后妈妈问宝宝：“是凉的还是热的?”宝宝会说“热”。再把宝宝的小手放入温水的盆里，再问问宝宝。最后握住宝宝的小手，摸一下凉水盆里的凉水，再问问宝宝。

3.宝宝分别感受到热、温、冷三种水温后，妈妈可引导宝宝说出自己的感受，比如“冷”、“烫”等。

专家提示

这个游戏能帮助宝宝了解自然界中的不同现象，感受到冷、温、烫等不同的温度概念，从而丰富宝宝的自然知识。

分蔬菜和水果

益智目标

促进宝宝观察和思考能力的发展。

游戏步骤

1.准备一些干净的蔬菜和水果。妈妈先做示范，将蔬菜和水果分开。

2.把蔬菜和水果混合在一起，对宝宝说："妈妈不小心将蔬菜和水果混在一起了，宝宝能帮妈妈把蔬菜和水果分开吗？"当宝宝在分开的过程中出现错误时，家长可及时提问"萝卜是蔬菜还是水果呢？"让宝宝动脑子考虑后再重新分。

3.如果宝宝还不能分辨，家长可教宝宝"萝卜是蔬菜，应该放在蔬菜这边。"

专家提示

家长所准备的蔬菜和水果都必须是宝宝已经认识的。游戏结束后，家长可洗净水果，奖励给宝宝吃，以增强宝宝参与游戏的积极性。

右脑智能

开发训练

身体运动智能

模仿简单的运动

益智目标

提高宝宝的身体灵活性。

游戏步骤

1.告诉宝宝："现在妈妈要做各种运动，你也和妈妈一起做！"教他游戏的方法。

2.双手高举，并对他说"双手往上同举，万岁！"

3.手拍几下，并对他说："来，拍拍手、拍拍手。"然后再跟他说："来！跟着做。"让他模仿。

4.双手手掌迭在头顶，并说"哇！好热、好热哦！将手放在头上遮太阳。"让宝宝双手迭在头上。

5.妈妈的手一边做圆形运动，一边说："咕噜咕噜、咕噜咕噜，手画圆。这手画完，换另一只手。咕噜咕噜，咕噜咕噜！"让宝宝跟着你做圆形运动。

专家提示

此游戏能让宝宝的身体运动技能得到充分的锻炼，而且能培养宝宝愉快的情绪。一定要在宝宝兴趣高时进行，在宝宝疲倦之前停止游戏。

追影子

益智目标

培养宝宝的反应能力，增加身体灵活性。

游戏步骤

1.选择晴朗的天气，带宝宝到户外。妈妈先踩一踩宝宝的影子，然后说："呀，我踩到宝宝的胳膊了。"

2.妈妈忽快忽慢，让宝宝来追。

3.和宝宝互相踩影子，比一比看谁能不被对方踩到，踩到后可以大叫："我踩到你的胳膊了！我踩到你的腿了！"

专家提示

此游戏可以锻炼宝宝行走的稳定性，同时还能促进视力的发展，丰富认知。游戏时，提醒宝宝不要跑得过快，以免摔倒，并注意周围的环境，如过往车辆是否多、地面是否平整等，以保证安全。另外，可以通过训练培养宝宝的观察能力，如一盏路灯下是一个影子，让宝宝观察几盏路灯下，影子还是一个吗？

迈过去

益智目标

培养宝宝的身体协调与平衡性。

游戏步骤

1.妈妈准备个小梯子，把梯子倒放在空地上，妈妈从梯子的一端开始，慢慢从梯子中的每一个横格走过，一直走到梯子的另一端。

2.鼓励宝宝模仿妈妈的样子，慢慢从梯子的每一个横格走过，一直走到梯子的另一端。在宝宝迈过横格时，妈妈要奖励宝宝。

专家提示

这个游戏不仅能训练宝宝越过障碍物，学会身体适应外界变化的能力，而且对提高宝宝身体的协调性很有帮助。

音乐智能

摇篮曲

益智目标

促进宝宝音乐智能的发展。

游戏步骤

1.妈妈教宝宝唱儿歌《摇篮曲》：

风不吹，树不摇，鸟儿也不叫。
小宝宝要睡觉，眼睛要闭好。
摇啊摇，摇啊摇，宝宝要睡觉。
小花被，要盖好，小手放放好。

一边做各种表情动作。如“摆摆手”“合住两只手放在脸颊边，微微偏

头”做睡眠状，或将小手绢放在娃娃身上，表示给他盖被子。

2.让宝宝哄娃娃睡觉，同时播放音乐或妈妈哼唱歌曲，让宝宝根据歌曲内容做相应动作，如唱到“风不吹，树不摇”时，宝宝摆摆手；唱到“宝宝要睡觉”时，宝宝两手合住放在一侧脸颊边，头微偏作睡觉状等。

专家提示

通过这个游戏不仅能培养宝宝对音乐的初步感受能力，还能培养他关心他人的情感，培养对主题形象玩具产生兴趣和良好的情绪状态。

人际智能

礼貌大师

益智目标

培养宝宝表达情感的兴趣，提升宝宝人际沟通的能力。

游戏步骤

1.家长在镜子前配合语言做出打招呼、行礼鞠躬、对不起、再见等动作。

2.让宝宝看着镜子里自己的影像，向他打招呼等。

专家提示

游戏时家长动作要很明确，让宝宝可以跟上，可以一再地重复，加深宝宝的印象。

玩捉迷藏

益智目标

促进人际关系智能的发展。

游戏步骤

1.把家里的大窗帘放下来，妈妈藏在窗帘后面，叫宝宝的名字，让他找。宝宝找到后要奖励他。

2.重复几次后，让宝宝藏在窗帘后，妈妈假装找不见宝宝，说：“宝宝在哪里啊？”

专家提示

此游戏可以加强亲子之间的感情联系，协助宝宝建立与人交往的基本技巧，游戏时妈妈藏的时间不要太长，以免宝宝紧张。

当妈妈的小助理

益智目标

培养宝宝乐于助人的精神。

游戏步骤

1.妈妈在厨房里做饭时，可以让宝宝在安全的情况下帮忙，比如让宝宝帮着递盐、醋和酱油等。妈妈可以告诉宝宝，“宝宝把盐递给妈妈”，“宝宝给妈妈拿一把勺子来”等等。如果宝宝拿的不对，妈妈要及时纠正宝宝，并帮助宝宝认识这些东西。

2.准备吃饭时，妈妈还可以让宝宝帮着拿盘子和碗等。比如，“宝宝把自己的小饭碗端到桌子上”，“宝宝来拿筷子”。

3.当宝宝完成任务后，妈妈不要忘了夸奖宝宝，“宝宝今天好棒啊，帮了妈妈不少忙呢”，“今天的饭是妈妈和宝宝一起做的”，从而提高宝宝的积极性。

专家提示

通过这个游戏不仅能培养宝宝的交往能力和乐于助人的精神，还能锻炼宝宝的生活自理能力。

学习分享

益智目标

培养宝宝乐意与人分享的美德。

游戏步骤

1.如果爸爸偶尔下班回来比较晚，妈妈和宝宝可先吃饭，但要告诉宝宝，把好吃的留给爸爸回来吃。

2.妈妈买回来宝宝很喜欢吃的食物，宝宝在吃的时候妈妈也要告诉宝宝：“宝宝，好吃的也要与爸爸妈妈爷爷奶奶分享。”

专家提示

平时多告诉宝宝，有好东西应与其他人分享，可以让宝宝心里想到别人，乐于与人分享，从而培养宝宝关心他人的良好品质。

内省智能

玩过家家

益智目标

训练宝宝的自我认知能力。

游戏步骤

1.妈妈抱出洋娃娃，对宝宝说：“天黑了，娃娃应该睡觉了。”妈妈让宝宝给娃娃脱衣服，盖被子。

2.妈妈说："娃娃要撒尿了。"让宝宝给娃娃把尿。

3.妈妈说："天亮了，娃娃应该起床了。"让宝宝叫醒娃娃，并给娃娃穿上衣服。

4.妈妈拿出一本故事书，让宝宝给洋娃娃讲故事。

专家提示

父母引导宝宝多观察生活，丰富宝宝的想象力，提高宝宝的模仿能力，增强宝宝的与人沟通、分析反思能力。

让宝宝学排队

益智目标

培养宝宝的规则意识。

游戏步骤

1.将宝宝的动物形象玩具集中起来，放在一个篮子里。

2.家长告诉宝宝："小动物想去公园玩，我们给他们排队好吗？"家长念儿歌："小熊、小熊走出来，快快来把队伍排。"让宝宝在小篮里把小熊找出来，放在桌上。

3.家长说出其他玩具名称，让宝宝找出来并排在第一个后面。

4.最后小动物要回家，家长可说"小鸭子先到家"，让宝宝挑出"小鸭子"，放回篮子里。以此类推，让宝宝将玩具一一放回篮子里

专家提示

宝宝拿取玩具发生错误时，家长可告诉他："现在该小猫站队，小花狗想插队可不行，先让小花狗回家吧。"趁机教育宝宝要讲秩序，然后再引导宝宝取出指定的玩具。

空间智能

两只小船

益智目标

促进宝宝空间智慧的发展。

游戏步骤

1.妈妈准备一盆水，还有两张颜色不同的吸水性能差异比较大的纸：一张黄色的吸水性稍差的信纸；一张白色的吸水性强的纸巾。先让宝宝摸两张不同的纸，并告诉宝宝："黄色的纸是硬的，白色的纸是软的。"将两种颜色不同的纸折成两只小船，然后妈妈拿一只，宝宝拿一只，一起将小船放入水盆中。

2.引导宝宝观察一下，是妈妈的小船

先沉入水中，还是宝宝的小船先沉入水中。然后和宝宝一起捞起两只小船，挤挤水，让宝宝注意观察一下，到底哪一只小船挤出的水多。

专家提示

1岁多的宝宝需要更多的感性经验。这个游戏可以让宝宝通过观察不同纸质的变化，培养宝宝的学习兴趣，还可以让宝宝通过看、摸、挤等活动，获取直接经验，促进宝宝空间智慧的发展。

拼火柴

益智目标

发展宝宝的想象力和思维能力。

游戏步骤

1.家长准备一些火柴或是塑料小棍，

摆一些简单的图形，如正方形、长方形、三角形等。

2.让宝宝先模仿，然后让宝宝自己去创造图案。

专家提示

通过拼火柴的游戏，宝宝可以感受到形状的变化，从而提高对图形的认知能力，提高其空间智能。家长给宝宝的火柴或塑料小棍，玩完后一定要记得收回，以免宝宝误食，发生危险。

瓜果艺术画

益智目标

培养宝宝的创造力，提高宝宝的空间智能。

游戏步骤

1.父母为宝宝准备好水彩颜料、瓜子或瓜子壳、糖果包装纸、大画纸、胶水等。

2.让宝宝将瓜子壳或糖果包装纸等，用胶水随自己的喜好、想象，黏贴在画纸上面。

3.用水彩加入宝宝自己喜欢的色彩，完成属于宝宝的创意艺术画。

专家提示

经常与宝宝玩该游戏能培养宝宝的创造力，使其稳定情绪，增进人际交往能力。只要给宝宝一点机会，宝宝的想象力就会无限驰骋。此训练非常有利于宝宝的大脑开发。

模仿画画

益智目标

启发宝宝的想象力，提高宝宝的思维能力。

游戏步骤

1.家长可以先握住宝宝的小手，在纸上做环形运动，再让宝宝自己画。

2.开始画出螺旋形的曲线，反复练习，逐渐学会把曲线封口，形成圆圈。

3.给未完成的画添上几笔，成为一个完整的图形。

专家提示

在宝宝模仿画好横线、竖线、“十”字等基础上，教宝宝画圆圈。完成一幅画，既可启发宝宝想象力，又增添了宝宝作画的兴趣。宝宝完成要求后，记得要亲吻宝宝，以示鼓励。

第13~18个月宝宝生长发育智能测评

1 配上认识的水果或动物图片：(以8分为合格)

A.6对(12分)

B.5对(10分)

C.4对(8分)

D.3对(6分)

2 指出身体部位：(以10分合格)

A.9处(18分)

B.7处(14分)

C.5处(10分)

D.3处(6分)

3 背数到：(以下二项相加以10分为合格)

A.10(14分)

B.5(10分)

C.3(7分)

D.2(5分)

4 会拿：

A.2个(5分)

B.1个(3分)

C.不会(0分)

5 按吩咐从形板或积木中找出圆形、方形、三角形：（ 以10分为合格）

A.3个(15分)

B.2个(10分)

C.1个(5分)

6 拿书顺着看，从头起翻书，每次2～3页，每次1页：（以8分为合格）

A.做对4项(10分)

B.做对3项(8分)

C.做对2项(4分)

D.做对1项(2分)

7 搭积木搭高楼或拼火车：（以10分为合格）

A.共搭4块(12分)

B.搭3块(10分)

C.2块(8分)

D.1块(4分)

8 准确将三个形块放入三形板的相应穴内：（以8分为合格）

A.3块(12分)

B.2块(8分)

C.1块(4分)

9 说出自己的小名：（以下二项相加以10分为合格）

A.会(5分)

B.不会(0分)

10 用单音说出物名：

A.5种(10分)

B.4种（8分)

C.3种(6分)

D.2种(4分)

11 背儿歌：（以9分为合格）

A.背头两句(11分)

B.背全首押韵的字(9分)

C.背头一句(5分)

D.背1～2个押韵的字(3分)

12 从胡同口：（以10分为合格）

A.找到自己的家门口(10分)

B.找到自己的门号或楼门口(8分)

C.走到门口不敢认门(4分)

结果分析

1、2、3、4题测认知能力，应得38分；5、6、7题测手的精巧，应得26分；8、9题测语言能力，应得19分；10题测社交能力，应得10分；共计可得93分。总分在60～80分之间为正常，85分以上为优秀，60分以下为暂时落后。哪道题在及格以下，可先复习上月相应试题，通过后再练习本月的试题。哪道题在A以上，可跨越练习下月同组的试题，使优点更加突出。

第4章

第19～20个月

宝宝左脑右脑智能开发

宝宝体能智能发育状况

本月训练要点

1.训练宝宝走、跑、跳、抛、扔、上楼、下楼等动作。

2.训练手部技巧，不仅会搭稳积木，还能穿珠子。

3.注意养成良好的生活习惯，培养自我服务能力。

4.养成定点、定时进食的习惯。

5.能分清三种颜色。

宝宝左脑右脑智能发展参考水平

左脑

语言智能：能开口说一些简单的话语

数学逻辑智能：认识数字1～4四个数字组成的号码

自然认知智能：逐渐熟悉气象

右脑

身体运动智能：走木板时可以保持身体平衡

音乐智能：记住一些歌曲的3～4段前奏

人际智能：喜欢参加集体活动

内省智能：能准确说出自己的名字，包括姓

空间智能：对左右有了比较明确的概念

宝宝体格发育参考标准

身长

男孩

77.9～91.6厘米，平均84.8厘米

女孩

76.6～90.2厘米，平均83.4厘米

我的宝宝：______厘米

体重

男孩

9.4～14.6千克，平均12.0千克

女孩

8.8～13.8千克，平均11.3千克

我的宝宝：______千克

头围

男孩

45.0～50.2厘米，平均47.6厘米

女孩

44.1～48.9厘米，平均46.5厘米

我的宝宝：______厘米

胸围

男孩

44.1～52.1厘米，平均48.1厘米

女孩

43.0～51.0厘米，平均47.0厘米

我的宝宝：______厘米

囟门

大多数宝宝前囟门已闭合

我的宝宝：______

牙齿

大多数宝宝已经长出16颗牙齿

我的宝宝：______

促进宝宝智能发育的营养方案

1～2岁的宝宝胃容量约为200～300毫升，这就限定了宝宝每次的进餐量，故每日进餐4～5次，可在每日三餐的两餐之间加些点心，每餐间隔时间为4小时。主食以米、面等谷类食物为主，谷类是热能的主要来源。蛋白质主要来自肉、蛋、乳类、鱼等食物；钙、铁和其他矿物质主要来自蔬菜，部分来自动物类食物；维生素主要来自水果、蔬菜。每日主食约100克，肉、鱼、蛋、奶约100克，青菜约50～100克；两餐之间加些点心、水果，水果供应量约50克左右。如果鱼、肉、蛋类吃得多些，便可少吃些豆制品；蔬菜供应多些，可以适当减些水果；副食吃得多些，主食可少吃一些，等等。

要尽可能多地保留食物中的营养素，必须注意烹饪方法，例如，挑选蔬菜要新鲜，不要在水里泡太久，应洗干净再切，以防止维生素的流失。胡萝卜要用油炒后食用，利于脂溶性维生素A的吸收。制作的膳食应小巧、精致、花样翻新。通过视觉、嗅觉、味觉等感管，传导到大脑皮层的食物神经中枢，反射性刺激，使宝宝想吃，并越吃越爱吃，从而保证宝宝足够的营养摄入量，促进宝宝的生长发育。

另外，在给宝宝提供食物时还要注意以下几点：

★给孩子吃花生、果仁等食品时，一定要捣碎，避免吸入气管。

★整个制作和喂养过程中，都能保持双手、用具和食物的清洁。

★使用安全的水和原料，孩子饮用的水都要经过煮沸，同时，烧开的水储存不能超过48小时。

★确保饮食卫生，严格消毒餐具，安全地制作和喂养婴儿食物，能从根源上减少孩子因饮食而导致的感染。

★彻底烹调食物，尤其是猪肉、禽肉、蛋和海产品。煮沸带汤的食物或炖／煮的食物。

★食物生熟分开。生肉、家禽和海产品与其他食物分开，并使用专用的刀、菜板等用品处理。

★避免生食和制备好的食物相接触。

左脑智能开发训练

语言智能

宝宝的一家

益智目标

培养宝宝的语言及观察能力，提高宝宝的表达能力。

游戏步骤

1.父母准备好家里各个成员工作或做日常事务的照片。

2.妈妈问宝宝：“宝宝家里都有什么人？”引导宝宝回答：“有爸爸、妈妈（爷爷、奶奶）和我。”

3.出示爸爸扫地的图片，并问宝宝：“爸爸在做什么？”引导宝宝回答：“爸爸在扫地。”

专家提示

通过这个游戏，可以让宝宝多讲话，从而提高宝宝的表达能力和交流能力。

鹦鹉学说话

益智目标

锻炼宝宝的语言模仿能力。

游戏步骤

1.向宝宝讲解游戏规则，要宝宝仔细听父母说的话，然后再复述一遍。

2. 父母可以先从一些简单的话开始，“你好吗？”，“我很好。”，“今天天

气很好。”让宝宝跟着学习。再慢慢进展到较为复杂的，甚至也可以试试一些简单的绕口令，如“妈妈骑马，马慢，妈妈骂马。”

3.除了简单的话语外，也可以模仿各种声音，如动物的叫声、有节奏的敲击声或几个简单的乐音等。

专家提示

此时的宝宝很喜欢模仿周围的人说话，因此，父母可以和宝宝经常玩此类游戏，寓教于乐。

认识汉字

益智目标

提高宝宝认字的积极性。

游戏步骤

1.在墙上贴上一些简单的汉字，让宝宝经常看到。当宝宝会认出一个汉字时，妈妈就将这个汉字写在硬纸板上，制成字卡，然后给宝宝认，看宝宝能否认出来。也可以写下宝宝能认的词，让宝宝同时认读。

2.当宝宝能认识一些有关动物的汉字时，妈妈可以引导宝宝拿着动物玩具，将字卡和动物玩具放在一起认读。

3.妈妈可以将字卡逐个拿出来让宝宝读，妈妈可以将宝宝认得的字卡用皮筋捆上，第二天复习时继续使用，并连续复习一周。

专家提示

此游戏可以引导宝宝认识汉字，提高宝宝认字的积极性。宝宝在认字时，往往会从字形来记认，动用左脑记住文字的读音，用右脑记住图像。

数学逻辑智能

谁的衣服

益智目标

训练宝宝的观察、判断能力，提高宝宝的数学能力。

游戏步骤

1.准备一本画有不同大小的、宝宝常见的物品画册。妈妈让宝宝看画面，先让宝宝指一指谁是大娃娃？谁是小娃娃？再看一看两件衣服，哪件大？哪件小？看一看两双鞋，哪双大？哪双小？看一看帽子，哪顶大？哪顶小？

2.妈妈告诉宝宝：“大娃娃用大的，小娃娃用小的。”并且让宝宝指一指，说一说“大娃娃穿的衣服、鞋、戴的帽子在哪里？小娃娃穿的衣服、鞋、戴的帽子在哪里？”

3.指导宝宝画线把它们连起来。

专家提示

在日常生活中，爸爸妈妈可以引导宝宝指认一些大小不同的物品，巩固宝宝对大小关系的理解，从而提高宝宝的数学智能。

每人分1个

益智目标

加深宝宝对数字的理解，提高宝宝学习数学的兴趣。

游戏步骤

1.准备一盘苹果、一盘梨（每样3个左右）。家长先问宝宝“这是什么”，让宝宝认一认盘子里放的是什么。

2.家长对宝宝说：“我们来分苹果吃，请宝宝来给大家分，1人分1个。”宝宝分时，“爸爸1个”、“妈妈1个”、“我1个”。分对了，家长要说谢谢，并同宝宝一起高高兴兴地吃苹果。

3.吃完后，家长又让宝宝分梨，方法同上。

专家提示

宝宝现在基本只能理解3以内的数量，父母要尽量强化宝宝对3以内数量的理解能力，从而让宝宝认识更多的数字。

动物“打电话”

益智目标

帮助宝宝建立“数”的概念。

游戏步骤

1.准备两个玩具电话，及画有小鸟、小猫、小狗和小鸡的四张图片，这四张图片分别对应四张数字卡片，数字卡片上有1～4四个数字组成的号码。先让宝宝看小动物的图片，然后帮助宝宝熟悉小动物对应的数字卡片。

2.妈妈和宝宝各拿一张小动物卡片，两人模仿所拿图片上的小动物打电话。然后让宝宝找一张小动物图片，并找出相对应的数字卡片，按上面的号码给小动物打电话。

3.反复给四种小动物打电话，让宝宝熟悉每一种动物对应的数字。

专家提示

这个游戏可以帮助宝宝熟练记住每个动物对应的数字，对建立宝宝数的概念大有帮助，同时对宝宝长大后分类、排序等活动也十分有益。

自然认知智能

神奇的纸盒

益智目标

刺激宝宝自然能力的发展。

游戏步骤

1.在家里使用过的纸巾盒里面放进一些玩具糖果、水果等。

2.让宝宝摸一摸，并让宝宝在拿出来之前说出名称。

3.还可以根据放入的东西，给宝宝些较复杂的指令，如否定的指令“请你把不可以吃的东西拿出来”，“请你把不是圆的东西拿出来”，等等。

专家提示

鼓励宝宝使用触觉和视觉来进行判断。为了增加趣味性，也可以使用一些奖励的方法，例如，拿对了糖果，就把糖果奖励给宝宝吃；拿错了，糖果就归妈妈吃等。

黏土手印

益智目标

让宝宝了解自然现象。

游戏步骤

1.妈妈准备一些干净的黏土，然后揉捏黏土，使黏土变成可以印上手掌的大小。

2.黏土捏好之后，妈妈可以引导宝宝将手掌放在黏土上，并紧紧地压一会儿。当宝宝拿开手时，黏土上就会出现手的形状。

3.妈妈在黏土下方写上日期，放在阴凉处晾干。

4.可以每年做一次手掌模型来保存。当宝宝长大以后，这可以变成宝宝回忆小时候的纪念品。

专家提示

此游戏能帮助宝宝确定自己的存在，从而逐渐了解到人与自然的依存关系。从小到大积累起来的小手印模型对宝宝来说也十分有纪念意义。

找朋友

益智目标

发展宝宝的认知能力，提高宝宝的思维能力。

游戏步骤

1.妈妈把画有衣服、衣柜、雨点、雨伞、猴子、香蕉的图片摆在宝宝的面前。

2.妈妈拿出画有衣服和衣柜的图片问宝宝：“我们把衣服放在哪里？”宝宝回答：“衣柜”，引导宝宝将画有衣柜的图片放在画有衣服的图片的旁边。

3.妈妈拿出画有雨点的图片问宝宝：“外面下雨了，你出门时该拿什么?”引导宝宝回答：“雨伞”，并将画有雨伞的图片放在画有雨点的图片的旁边。

4.妈妈拿出画有猴子的图片问宝宝：“小猴子最爱吃什么？”引导宝宝回答：“香蕉。”并将画有剪刀的图片放在画有猴子的图片的旁边。

专家提示

在我们的日常生活中，有许多可以提升宝宝自然智能的机会。这个游戏不仅可以提高宝宝的认知能力，还能锻炼其观察思考能力，促进宝宝智力发育。父母可以不断变换日常用品的图片，加深宝宝的认识。

右脑智能开发训练

身体运动智能

翻筋斗

益智目标

促进宝宝全身协调能力的发展。

游戏步骤

1.将垫子摆在房间的正中央，然后让宝宝将头、双手放在垫子上，并且单脚一边抬起，往斜前方翻滚。

2.最初宝宝可能会做不好，这时可以让妈妈用手帮他。反复几次之后，宝宝就渐渐熟练了。

3.妈妈在不碰到宝宝的范围内，和他一起翻筋斗，能提高宝宝对游戏的兴趣。

专家提示

反复往斜前方翻滚，能够促进宝宝全身协调能力的发展，也可以促进反射神经的功能，从而发展宝宝的大脑。注意保护宝宝，不要让他受伤。

涂画

益智目标

提高宝宝的肢体协调能力。

游戏步骤

1.妈妈先给宝宝示范画一些简单的图形，让宝宝模仿着画。

2.也可以让宝宝自己随意涂画，如果画出线条就说“真棒”，以示表扬。

专家提示

教宝宝学会拿笔，可以训练手指间的配合能力，促进宝宝精细动作的发展。

手指系列游戏

益智目标

同时发展宝宝手部动作的协调性和灵活性。

游戏步骤

1.手指操：妈妈喊口令：一、二、三、四。宝宝按口令出示手指，一出食指，二收回食指出中指，三四反复，共做4个4拍。

2.神枪手：妈妈边说儿歌边做动作，开始左手当枪靶，右手做手枪形状，向左手打枪。然后把动作反过来，反复进行。说到神枪手时，左右手都做小手枪的动作，同时向前打三枪。附儿歌如下：

小手枪，真灵巧。
打一枪，啪，打两枪，啪啪，
打三枪，啪啪啪，
真是个神枪手，啪啪啪。

专家提示

妈妈做动作时要耐心，要是宝宝一时没有接受可以放慢动作，慢慢做，要激起宝宝的兴趣。

音乐智能

哼节奏

益智目标

培养宝宝的音乐节奏感。

游戏步骤

1.当宝宝跟父母一起看电视时，宝宝会逐渐记得一些正在播放的电视剧的前奏等，甚至有时还会哼上几个音调表示这个前奏，此时妈妈要给予宝宝鼓励。

2.妈妈也可以给宝宝准备一些儿童歌曲，播放给宝宝听，并鼓励宝宝哼出来。

3.每次当宝宝哼出来几个音调时，妈妈要及时鼓励宝宝，让宝宝听得更多，学得更多。

专家提示

父母应多鼓励宝宝听音乐，并同他一起哼唱，不仅能促进宝宝音乐智能的发育，还能训练宝宝的听觉能力，加强宝宝的听觉记忆能力。

人际智能

叠叠高

益智目标

提高宝宝的人际交往能力。

游戏步骤

1.妈妈竖起拇指让宝宝捉住，然后再用另一只手捉住宝宝竖起的拇指，轮流叠起来，然后和宝宝一齐说“叠叠高，叠叠高，我们一起捉”。当说到“一起捉”时，抽出最底下的拇指叠到最高处。

2.多次重复之后，引导宝宝主动来“叠叠高”。

专家提示

让宝宝学会如何对别人的行为做出正确反应，帮助宝宝学习人与人交往的技巧。游戏时动作要轻柔，不要扭伤宝宝的手指。

拔苗苗

益智目标

培养宝宝与他人合作的精神和能力。

游戏步骤

1.妈妈让宝宝站在地板上，双手叉腰，双脚张开，保持身体平衡。

2.妈妈先过来拉宝宝，边拉边对宝宝说：“拔苗苗呀，拔苗苗，这个苗苗好可爱。”然后妈妈要表现出筋疲力尽的样子，说：“这个苗苗太难拔了，快叫爸爸一起来拔。”然后爸爸、妈妈一起来拔。

3.爸爸和妈妈都要表现出拔不动的样子，这时再叫爷爷、奶奶一起来帮忙。最后将“苗苗”拔出来。

4.妈妈也可以在游戏中给宝宝唱儿歌，比如：

拔苗苗，这个苗苗真难拔；
叫爸爸，叫爷爷，叫奶奶，
叫花猫，叫花狗，
嘿哟嘿哟齐用力，
拔出一棵小苗苗。

5.拔完之后，爸爸、妈妈、爷爷、奶奶还可以互换角色做“苗苗”。

专家提示

此游戏能培养宝宝与他人合作的精神和能力，这种能力是宝宝心智发展的一个重要方面，所以家长要经常和宝宝做类似的游戏。

你是我的好朋友

益智目标

提高宝宝的人际交往能力。

游戏步骤

1.在户外，让宝宝和几个年龄相当的

小朋友蹲着围成一圈，由一个小朋友来找。找时爸爸妈妈可以引导宝宝唱："找呀找呀找朋友，找到一个好朋友，敬个礼，握握手，你是我的好朋友，再见!"

2.爸爸妈妈也可以加入进来，与小朋友一起游戏。找到一个好朋友后，做敬礼、握手、再见的动作，然后换另一个小朋友找。

3.让小朋友站成一排，爸爸边唱边指点小朋友的头："一个，两个，三个小朋友；四个，五个，六个小朋友；七个，八个，九个小朋友；十个小朋友。"爸爸唱到最后一句时，抱起被指的小朋友转一个圈。

专家提示

这个游戏可以让宝宝朦胧地体会到集体活动的乐趣，而且能增进亲子关系，培养宝宝愉快的情绪。

内省智能

盖杯盖

益智目标

培养宝宝的生活自理能力。

游戏步骤

1.准备好一个有盖的杯子。

2.妈妈与宝宝面对面坐着，妈妈一手拿杯子、一手拿杯盖，说："宝宝看，杯子，杯盖"。盖上杯盖说："咦，看妈妈盖上盖子了。"然后打开杯盖，说："看，杯盖又打开了!"如此重复几次，再让宝宝自己盖杯盖。

专家提示

一定要准备一个塑料杯子，不重且不会摔碎，并检查有没有毛刺，以防划伤宝宝的手。要在宝宝疲倦前停止游戏。

空间智能

帮帮小猪

益智目标

提高宝宝的空间想象能力。

游戏步骤

1.准备一把椅子、一只布偶猪、一辆玩具小车和一只纸箱子。

2.父母用讲故事的形式对宝宝说："小猪累了，想坐到椅子上去休息，你能帮助它吗？"

3.宝宝照办后，家长接着边讲故事，边请宝宝继续做下去："小猪休息好了，

想从椅子上跳下来，请你帮它。”

4.当宝宝完成后，家长再对宝宝说：“好，谢谢！前面又来了一只大灰狼，小猪想躲在椅子的后面。”等宝宝把小猪放在了椅子后面后，家长再说：“好的，你真帮了大忙！大灰狼走了，小猪要到椅子旁边去翻跟斗，好，连翻了三个，真有趣！”

专家提示

宝宝通过不断摆放小猪的动作，可加深对上、下、前、后、等空间方位的理解。家长要注意说话的语气，尽量引起宝宝的兴趣。

分辨左右

益智目标

训练宝宝认识空间方位的能力。

游戏步骤

1.爸爸教宝宝踢球时，告诉他：“这是用左脚踢的。”“这是用右脚踢的。”宝宝熟练后，爸爸问宝宝：“刚才那球是用哪只脚踢的？”

2.通过游戏告诉宝宝，左边有一只眼睛，右边也有一只眼睛。左边有一只耳朵，右边也有一只耳朵。以此类推，胳膊和手，腿和脚都是有左右之分的。

专家提示

宝宝现在已经可以认识自己的手、脚、鼻子、耳朵等身体器官了，但对左右还不能分辨得很清晰。父母可以通过游戏帮助宝宝分辨左右，从而让宝宝的空间方位能力有所提高。

第5章

第21～22个月

宝宝左脑右脑智能开发

宝宝体能智能发育状况

本月训练要点

1.让宝宝通过听音乐找到相关的图片。

2.通过搭积木、握笔画线、穿扣眼等动作训练手的灵活性和手眼协调能力。

3.扩大与宝宝的说话范围，逐渐让他理解句子的构成。

宝宝左脑右脑智能发展参考水平

左脑

语言智能： 能说出三个字的简单句，能回答简单的问题

数学逻辑智能： 开始懂得一半和三分之一的概念

自然认知智能： 能分清轻重

右脑

身体运动智能： 跑得稳，很少摔跤

音乐智能： 能哼唱简单的儿歌

人际智能： 喜欢和同龄人一起玩耍

内省智能： 能按照成人的指示调节自己的行为

空间智能： 能模仿画竖线或圆

宝宝体格发育参考标准

身长

男孩

79.4～93.5厘米，平均86.5厘米

女孩

78.3～92.1厘米，平均85.2厘米

我的宝宝：______厘米

体重

男孩

9.7～15.0千克，平均12.4千克

女孩

9.1～14.2千克，平均11.7千克

我的宝宝：______千克

头围

男孩

45.2～50.4厘米，平均47.8厘米

女孩

44.3～49.1厘米，平均46.7厘米

我的宝宝：______厘米

胸围

男孩

44.4～52.4厘米，平均48.4厘米

女孩

43.3～51.3厘米，平均47.3厘米

我的宝宝：______厘米

囟门

大多数宝宝前囟门已闭合

我的宝宝：______

牙齿

大多数宝宝已经长出16颗牙齿

我的宝宝：______

促进宝宝智能发育的营养方案

这一时期，还没有断奶的宝宝应尽快断奶，否则将不利于宝宝建立起适应其生长需求的饮食习惯，更不利于宝宝的身心发育。

宝宝的食物要做的碎、软、烂。面片汤、馄饨比较适合，避免给宝宝食用刺激性食物，如辣椒、胡椒、油炸食品；要尽可能多地保留食物中的营养素，必须注意烹饪得法，如挑选蔬菜要新鲜，蔬菜不要泡在水里时间太长，应洗干净再切，防止维生素流失；制作的膳食应小巧、精致、花样翻新，使宝宝越吃越想吃，越吃越爱吃，从而保证足够的营养摄入量，促进宝宝的生长发育。

这个时期父母应放手让孩子自己吃饭，使其尽快掌握这项生活自理技能，也可以为以后上幼儿园做好准备。尽管孩子已经学习过拿勺，甚至会使用勺子了，他有时还是愿意用手直接抓饭菜，好像这样吃起来更香，父母应该允许孩子用手抓取食物，并提供一些可以手抓的食品，如小包子、馒头、面包等，提高孩子自己吃饭的兴趣。

父母须知

1~3岁宝宝的数学智慧表现为：

1.对数量已经有了初步感觉。

2.开始能够说出一些数字，可以用几根手指来表示自己的年龄。

3.知道初步排序，用更多或更少来区分等级。

4.具备大致计算能力，知道添东西会使物体数量增多，拿走东西则会使物体数量减少。

5.可以背诵出1~10的数字。

6.能用数字来精确地将物体区分出等级。

7.能够进行简单分类。

8.会进行简单计算，能够准确计算出一组数量不多的物体中增减1~2个物体后的结果。

语言智能

换一种说法

益智目标

提高宝宝的语言表达能力。

游戏步骤

1.准备一只美丽的布娃娃，一只丑的布娃娃。出示美丑两只布娃娃，让宝宝比较观察，然后启发提问：“宝宝，这两只娃娃谁好看？”“除了说她好看，还可以怎么说？”（美丽的、漂亮的）。

2.家长出示丑的布娃娃，提问：“这只娃娃长得怎么样？”“除了说她难看外，还可以怎么说？”（丑陋的）。

专家提示

通过比较观察，引导宝宝说出近义词，培养宝宝思维的敏捷性，丰富宝宝的语言词汇，游戏中要求宝宝说出近义词，注意给宝宝一些提示。

聊聊天

益智目标

激发宝宝的想象力和说话能力，提高宝宝的语言交流能力。

游戏步骤

1.妈妈拿出小猪储蓄罐，引导宝宝和小猪宝宝聊天：“小猪宝宝长得真可爱，宝宝长得可爱吗？”鼓励宝宝回答，和小猪宝宝聊天。

2.玩熟后，妈妈可以拿出家里其他的玩具，引导宝宝和它们聊天。

专家提示

这个游戏可激发宝宝说话的兴趣，提高宝宝的语言交流能力。推荐儿歌：

小猪宝宝哭，小猪宝宝笑，
小猪宝宝饿了，肚子咕咕叫了。

汉字配对

益智目标

激发宝宝认字的兴趣。

游戏步骤

1.妈妈为宝宝准备一些卡片，用笔在卡片上写一些宝宝认识的汉字，每个汉字分别写在两个卡片上，然后把字卡散落在宝宝面前，让宝宝找出两个相同的汉字。

2.可以在卡片上写一些数字，因为印刷体的数字与手写的数字有些不同，所以可以让宝宝将两种不同字体中的数字配对。将宝宝找对的汉字或数字卡整理在一起，让宝宝有成就感，让宝宝有兴趣继续认字。

专家提示

此游戏能激发宝宝的认字兴趣，而且父母的激励会让宝宝愿意认识更多的字。

数学逻辑智能

点数

益智目标

培养宝宝的计算能力，提升宝宝的数学学习能力。

游戏步骤

1.妈妈可以问宝宝：“电灯在哪里？”宝宝找着电灯后，告诉宝宝“数数看，咱们家有几盏灯？”让宝宝自己伸出小指头一边点一边数。数完后让宝宝说出数词或量词。

2.妈妈再问宝宝：“椅子在哪里？咱家有几把椅子？”让宝宝自己伸出小指头一边点一边数。

3.妈妈还可以让宝宝数数其他的物品。

专家提示

在数之前可以先练习口头数，父母可以与宝宝一起数“1、2、3、4、5”，或是说一些数数的儿歌“一二三四五，上山打老虎。”“你拍一，我拍一，一二三四五六七。”

让我们数一数

益智目标

提升宝宝的数学能力。

游戏步骤

1.家长将5粒纽扣摆成一排，让宝宝用手指指着数出1～5。

2.将5块积木排成一排，让宝宝用手指指着从左至右数出1～5。

3.家长取3粒纽扣，2块积木摆成一排，让宝宝数。

4.宝宝数完后，再更换不同的位置让宝宝数，让宝宝懂得5是纽扣和积木的总和。

5.取5粒纽扣，3块积木让宝宝比一比，哪个多，哪个少，多几个，让宝宝知道5比3多2个。

6.让宝宝明确“5”是由“5个1”组成的，少1个，就不是5了。

专家提示

通过训练让宝宝加深对数字1～5的认识。宝宝领悟较快时，可以告诉宝宝3加2等于5，1加4等于5，2加3等于5。

哪个盘里的糖果多

益智目标

提升宝宝的数学理解能力。

游戏步骤

1.妈妈准备两个干净的小盘子和一些糖果，把糖果放入两个干净的小盘里，一个盘里放入5颗，另一个盘里放入3颗。

2.妈妈让宝宝观察两个盘里糖果的数量，问宝宝：“你看两个盘里的糖果一样多吗？你想要哪个小盘里的糖果呢？”

3.当宝宝作出回答后，妈妈再重新分配糖果，继续游戏，也可以让宝宝来分糖果，让妈妈来挑。

专家提示

此时的宝宝主要是通过感知觉来认识世界，分糖果游戏能让宝宝感知到数量的多少，这是宝宝接触数学知识重要的一步。比较多少的概念游戏能提升宝宝的数学理解能力。

自然认知智能

区分轻重

益智目标

提升宝宝的自然智慧。

游戏步骤

1.准备三个相同的透明杯子，一个杯子中装满沙土，一个杯子装一半，另一个杯子中只装一点点。

2.让宝宝分别用手掂量一下，然后问宝宝：“哪个杯子最重？”“哪个最轻？”当宝宝说出后，妈妈可以让宝宝把沙子倒出来，然后说一说为什么杯子的轻重不同。

3.如果宝宝不能说清杯子为什么轻重不同，妈妈可以告诉宝宝，装沙子最多的最重，装得最少的最轻。妈妈也可将装着

不同重量沙子的三个杯子随意放在地上，然后让宝宝按轻重的顺序给瓶子排队。

专家提示

此游戏可以帮助宝宝提高辨别物体轻重的能力，还能锻炼宝宝的排序能力，对自然智慧和数学智慧发展都有帮助。

家禽、家畜和野兽

益智目标

促进宝宝自然智能的发展。

游戏步骤

1.父母可以带宝宝去动物园，有一些野兽是动物园里能看得到的，父母根据看到的情况，一边看一边引导宝宝观察，还一边给宝宝讲解，教他认识野兽。父母还要充分利用电影、电视、画报、图片等来向孩子介绍某些少见的野兽，开拓孩子的视野。

2.成人还可以通过讲故事的形式讲出那种野兽的外形特征和凶恶的本性，以及与人类的关系，使孩子明白野兽有善良的，也有凶狠的，对珍稀的野兽要保护。

3.认识家禽家畜就比较容易了。父母可以带宝宝去农村，看看农民养的鸡、鸭、鹅，牛、羊、猪，告诉宝宝这些动物的特征和生活习惯。

专家提示

教幼儿认识野兽比认识家禽、家畜要难一些，孩子不能亲手触摸。但要拓展孩子的视野，家长还是要多想办法。父母在教孩子认识野兽的同时，要注意培养孩子的勇敢精神，告诉他不能因为野兽凶狠就怕它，再凶狠的野兽，人也是可以对付的。

手帕猜谜

益智目标

培养宝宝对物品的认知能力。

游戏步骤

1.父母拿出一样宝宝认识的物品，用手帕遮住，让宝宝触摸它的形状和大小，让宝宝猜猜它是什么。

2.如果这样东西太难猜，父母可以给宝宝一些提示，例如，“它是圆形的”，“它的味道很甜”，“它有很多水”，“它是铁做的”，等等。

专家提示

通过这个游戏，可以让宝宝了解物品的特征，提高宝宝的认知能力。当谜底揭晓后，父母可以进一步让宝宝分类，如水果类、蔬菜类、文具类等等。

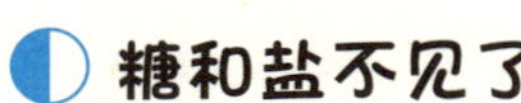

糖和盐不见了

益智目标

锻炼宝宝对问题的思考能力。

游戏步骤

1.准备三个装水的透明玻璃杯，三张写有“沙子”、“糖”和“盐”的贴纸，沙子、糖和盐各少许。

2.妈妈将“沙子”、“糖”和“盐”的贴纸分别贴在三个透明玻璃杯的外面，然后将沙子、糖和盐分别倒入杯中。

3.让宝宝仔细观察杯子，并问宝宝杯子中发生了什么变化?“宝宝看看，沙子还在不在？”“盐和糖还在吗？”

4.让宝宝尝一尝放盐和放糖的杯子中的水都是什么味道，再给宝宝简单讲讲“溶化”的原理。

专家提示

此游戏通过让宝宝直接观察沙子、糖和盐放入水中的变化，让宝宝懂得了什么是“溶化”，可以帮助宝宝对事物规律有个初步的认识，刺激宝宝的视觉，激发宝宝的求知欲与逻辑思维智能。

身体运动智能

小猫吃鱼

益智目标

锻炼宝宝的肢体协调能力。

游戏步骤

1.画好几条鱼，涂色剪下。将小鱼分列摆在2层以上的台阶上，让宝宝扮作小猫，家长一边说儿歌：

小花猫，上高台，吃完鱼，走下来。

一边教宝宝自己走上台阶去拿小鱼(可蹲下)。

2.接着从低层弯腰取高层的小鱼，再从台阶上自己走下来。

专家提示

此游戏可以让宝宝练习攀登及蹲下的动作，培养宝宝的身体协调性，使宝宝大脑得到很好的锻炼。游戏时要注意安全，不要让宝宝摔倒。

玩雪

益智目标

锻炼宝宝的肢体平衡能力与宝宝的协调能力。

游戏步骤

1.下雪后，父母可以带宝宝到户外玩雪。

2.玩雪时要让宝宝戴上手套，可先教宝宝抓一把雪，用双手挤压成雪团。

3.可以将小雪团滚成大雪团。

4.引导宝宝和妈妈打一场雪仗，还可以叫更多的小朋友来一起玩。

专家提示

此游戏能锻炼宝宝的奔跑能力，需要宝宝有较好的肢体协调能力和平衡能力；而且还能增进父母与宝宝的感情。

音乐智能

听音乐到终点

益智目标

培养宝宝对音乐的感知能力。

游戏步骤

1.在家里选择一块空地(有院子就最好了)，用粉笔或标志物确定起点和终点。播放一段节奏、强度都比较适中的音乐，请宝宝跟着音乐的感觉自己选择以什么方式或动作到达终点，如模仿动物行走的动作。

2.播放一段很热烈的音乐，请宝宝跟着音乐的感觉再选择一种方式或动作到达终点，如学赛车奔驰。

3.播放一段很舒缓的音乐，请宝宝跟着音乐的感觉再选择一种方式或动作到达终点，如学小鸟在空中自由地飞翔、小鱼在水中快乐地畅游等。

专家提示

通过游戏让宝宝对音乐有初步的感知能力，并在音乐中做各种模仿动作。在游戏中，通过模仿表演自然界、生活中的事物，可以促使宝宝更加关注自然和生活，另外此游戏还能培养宝宝的观察能力、想象能力、音乐感知能力、模仿表演能力和创造能力。

音乐之声

益智目标

增强听力与声音的辨别能力。

游戏步骤

1.选择一些适合宝宝欣赏的古典音乐，妈妈或是爸爸一边播放古典音乐，一边与宝宝一起躺下，闭上眼睛听音乐。

2.如果宝宝很难听懂这音乐的含义，将宝宝抱在腿上，告诉宝宝音乐声像什么：像雨？像风？像潺潺流水？还是像汽车的声音？

专家提示

多让宝宝听古典音乐，可以培养宝宝对音乐的感知能力和欣赏能力，时间久了，就能提高宝宝的音乐审美能力。

人际智能

小帮手

益智目标

培养宝宝助人为乐的行为。

游戏步骤

1.妈妈在洗衣服时，给宝宝一块手帕，让他学着洗，告诉宝宝手帕的用处，培养他讲卫生的良好习惯。

2.妈妈在扫地或擦桌子的时候，可以给宝宝一把小扫帚，让他模仿成人扫地的动作，或给他一块小抹布，让宝宝学着擦桌子。

专家提示

这一年龄阶段的宝宝不可能做真正意义上的家务，还可能给家长帮倒忙、添乱。家长不要因此责备并阻止宝宝，以免打击宝宝的积极性，挫伤他帮成人做事的热情。

宝宝坐花轿

益智目标

增进宝宝和妈妈之间的情感。

游戏步骤

1.在一个较大的活动空间里，爸爸和妈妈分别用右手握住自己的左腕，再用左手握住对方的右腕，两人做“花轿”蹲下。

2.妈妈引导并鼓励宝宝两只脚分别伸进爸爸、妈妈的两臂之间。当宝宝坐上“花轿”后，爸爸和妈妈站起来，抬着宝宝往前走或左右摇晃。等宝宝适应了在高处的感觉以后再动起来。

3.在做动作的同时爸爸妈妈还可以唱儿歌：“坐花轿，坐花轿，爸爸妈妈抬花轿；前后左右摇一摇，颠颠轿里的小宝宝。”

专家提示

通过这个游戏，宝宝可以养成敢于信任他人的意识。在爸爸妈妈摇晃时，还有利于增强宝宝的平衡能力。此游戏还能营造一种和谐的家庭氛围，让宝宝在愉快的环境中成长。

超市购物

益智目标

培养宝宝的人际交往能力。

游戏步骤

1.妈妈带宝宝去超市购物，故意带宝宝到卖儿童玩具和食物的地方逗留，但不让宝宝拿东西。

2.如果宝宝赖在那里非要拿，大哭大闹不肯走，妈妈可以和宝宝商量说，这些东西没有在这次购买的计划中，可以下次

再买。如果宝宝还是不听，妈妈也不可以让步，要硬下心来拒绝。

专家提示

让宝宝从小学会控制自己的欲望，听从父母的计划，对宝宝以后的人际交往智能发育很有帮助。

新朋友

益智目标

促进宝宝人际关系智能的发展。

游戏步骤

1.当父母带宝宝出去玩，见到其他小朋友和他的父母时，父母要先互相打招呼。父母打过招呼之后，再介绍宝宝认识，并让宝宝记住小朋友的名字。

2.如果宝宝手里拿着玩具，妈妈可引导宝宝与其他宝宝交换玩具。

专家提示

通过这个游戏，可以让宝宝认识更多的小朋友，培养宝宝乐于交友的性格。

内省智能

给娃娃穿衣系扣

益智目标

锻炼宝宝的生活自理能力。

游戏步骤

1.准备好玩具娃娃及娃娃的衣服等，娃娃的衣服上要有按扣、纽扣、拉链等。

2.妈妈和宝宝坐在一起，然后告诉宝宝："宝宝是玩具娃娃的妈妈，要给娃娃穿衣服。"妈妈可以跟宝宝说："天亮了，娃娃该起床了。宝宝快给娃娃穿好衣服，娃娃要出去玩啦。"然后妈妈让宝宝叫醒娃娃，并让宝宝充当妈妈给娃娃穿衣服。

3.妈妈要告诉宝宝，给娃娃穿上衣时，要先给娃娃穿袖子，穿好袖子后，再给娃娃系上扣子。穿裤子时，要先让娃

娃穿裤腿，再引导宝宝把娃娃的裤子提起来，娃娃的裤子就穿好了。穿好衣服后，别忘了指导宝宝按顺序给娃娃系扣子、拉拉链。

专家提示

吃饭、穿衣是每个人必须做的事情，要从小培养宝宝的独立生活能力。

空间智能

手影

益智目标

培养宝宝的空间想象能力。

游戏步骤

1.父母在灯光或阳光下，在墙上和宝宝玩投影的游戏，父母用手做成兔子、飞鸟、马头等形状，让宝宝辨识。

2.父母还可以借助一些工具做出一定的动作，如小兔咬耳朵、鸟飞、马吃草、小鸭戏水等，激发宝宝的兴趣。

专家提示

通过这个游戏，可以让宝宝明白物与影的关系，培养宝宝的空间想象力，提升空间智能。

摸鼻子

益智目标

培养宝宝的空间知觉。

游戏步骤

1.用布蒙住宝宝的眼睛，妈妈坐在椅子上，让宝宝站在房子中间向妈妈身边走，找到妈妈的鼻子。宝宝如果找不到妈妈的鼻子，可以问："妈妈在哪里？"妈妈也可以提醒宝宝一声，宝宝会按照声音的方向走到妈妈身边。

2.宝宝伸手去摸，如果摸到妈妈的头发，宝宝知道鼻子在头发的下面，会往下去摸。如果宝宝摸到妈妈的嘴，手就会往上一点。

3.宝宝完成任务后，和妈妈互相调换位置，让宝宝坐在椅子上，妈妈蒙住自己的眼睛摸。

专家提示

这是一个感官相互代替的游戏练习，用手代替眼睛去寻找东西，能够锻炼宝宝的触觉和方位感。

第6章

第23～24个月

宝宝左脑右脑智能开发

宝宝体能智能发育状况

本月训练要点

1.训练宝宝走平衡木。

2.训练孩子自己吃饭、坐盆大小便。

3.训练孩子用牙刷。

宝宝左脑右脑智能发展参考水平

左脑

语言智能： 当大人用“你”提问时，能用“我”来回答

数学逻辑智能： 能写出几个简单的数字

自然认知智能： 能独立吃饭、洗脸、洗脚

右脑

身体运动智能： 能够学会走平衡木

音乐智能： 能模仿较长一段歌曲

人际智能： 能帮助家人倒垃圾、扫地

内省智能： 注意成人对自己的评价，喜欢赞扬

空间智能： 学会把东西放在抽屉里，需要懂得去抽屉内取出

宝宝体格发育参考标准

身长

男孩

80.9～95.2厘米，平均88.1厘米

女孩

79.9～93.9厘米，平均86.9厘米

我的宝宝：______厘米

体重

男孩

9.9～15.5千克，平均12.7千克

女孩

9.4～14.7千克，平均12.1千克

我的宝宝：______千克

头围

男孩

45.3～50.5厘米，平均47.9厘米

女孩

44.4～49.2厘米，平均46.8厘米

我的宝宝：______厘米

胸围

男孩

44.6～52.6厘米，平均48.6厘米

女孩

43.5～51.5厘米，平均47.5厘米

我的宝宝：______厘米

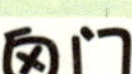

囟门

大多数宝宝前囟门已闭合

我的宝宝：______

牙齿

已经长出16～20颗牙齿

我的宝宝：______

促进宝宝智能发育的营养方案

宝宝更富活力，对世界充满好奇，但对食物却失去兴趣，体型也有所改变。这就需要父母让宝宝继续保持先前培养出来的良好的饮食习惯。因为只有保证宝宝摄取足量的营养食物，才能保证其正常的生长发育，对智能的开发也很重要。这个阶段是宝宝形成终生饮食习惯的关键时刻。若发展得好，宝宝就会有较多机会发挥他的全部潜能。

此年龄段的宝宝会出现一段时间对吃饭的兴趣减低，使得不少家长感觉到宝宝吃饭成了一件难事。我们把它称为"生理性厌食"。主要是由于此时宝宝对外界探索的兴趣明显增加，因而对吃饭失去了兴趣。对此，家长应当理解，并经常更换食物的花样，让宝宝感到吃饭也是件有趣的事，以增加他吃饭的兴趣。

另外，这个阶段体重轻的宝宝，可以在食谱中多安排一些高热量的食物，配上西红柿蛋汤、酸菜汤或虾皮紫菜汤等，不仅开胃而且有营养，有利于宝宝体重的增加。已经超重的宝宝，要减少吃高热量食物的次数，多安排一些粥、汤面、蔬菜等体积大的食物。例如，包饺子和包馅饼时要多放菜少放肉，减少脂肪的摄入量，而且要皮薄馅大，减少碳水化合物的摄入量，同时还要适当限量。另外，超重的宝宝要减少甜食的摄入量，不吃巧克力，不喝含糖的饮料，冰淇淋也要少吃。但无论宝宝体重过轻还是超重，食谱中的蛋白质一定要保证，包括牛奶、鸡蛋、鱼、瘦肉、鸡肉、豆制品等轮换提供。蔬菜、水果每日也必不可少。

父母须知

发现孩子潜能，提高智力：

1.注意力：实验表明，在教育环境良好的情况下，3岁幼儿的注意力可以连续集中3~5分钟。注意力是孩子认识事物的开始。注意力稳定、持续的孩子，掌握知识的速度也就更快，而且记得非常牢固。

2.观察力：观察力可以帮助孩子得到周围世界的有关知识和信息，是认识世界的基础。人的大脑所获得的信息，有80%~90%是通过视觉、听觉输入到大脑的。因此，训练孩子的观察力，要从基本的感知觉能力培养入手。

左脑智能 开发训练

语言智能

讲见闻

益智目标

提高宝宝的语言表达能力。

游戏步骤

1.父母可以先让宝宝干一件事情或去一个地方，如星期天带宝宝去动物园，等等。

2.当宝宝回到家后，父母可以启发宝宝做较完整的讲述。例如，什么时候，和谁去哪里，都看见了什么等等。

专家提示

此游戏可以训练宝宝连续讲述一件事情，培养宝宝的语言连贯性。一开始宝宝很可能是断断续续地讲述，父母要逐步要求宝宝较完整地讲述一件事情。

宝宝讲故事

益智目标

培养宝宝的说话能力。

游戏步骤

1.给宝宝准备经常看的画报，一边引导宝宝："妈妈想听故事，你给妈妈讲故事好吗？"

2.让宝宝看画报讲故事，并学会称呼故事中的人物。比如："两个哥哥一起去上学，在课堂上老师问了一个问题……""画中的老奶奶去买菜，在路上遇到了一个阿姨……"

3.如果宝宝看到一些新鲜的图还不会讲时，妈妈可以给宝宝解释一下，然后引导宝宝继续讲下去。

4.在讲故事的时候，妈妈还要告诉宝宝翻书的方法。妈妈要求宝宝按顺序讲，这样宝宝就会慢慢学会自己看书。

专家提示

通过这个游戏，不仅可以提高宝宝的语言表达能力，还有利于树立宝宝的自信心。

不同的称呼

益智目标

训练宝宝正确称呼不同职业的人，提高宝宝的语言智能。

游戏步骤

1.在日常生活中，经常引导宝宝认识不同的职业。比如带宝宝到医院看病时，妈妈可以告诉宝宝："给我们看病的人是医生。""给宝宝打针的阿姨是护士。"到饭店吃饭时，告诉宝宝："给我们上菜的是服务员。"到商店中买东西时，告诉宝宝："这是售货员。"等等。

2.在和宝宝一起看书时，也可以教宝宝认识书中人物的不同职业，比如做饭的人称为厨师，开飞机的人称为飞行员，工厂里做工的是工人，等等。

专家提示

游戏可以让宝宝记住各种工作人员的不同称呼，父母丰富宝宝的词汇量，而且能拓展宝宝的知识面，为宝宝以后的社会交往打好基础。

数学逻辑智能

蝴蝶飞来啦

益智目标

培养宝宝的数学能力。

游戏步骤

1.准备一张画有花和草的图片，蝴蝶图片5张，在有花的地方割开切缝，能分别插上蝴蝶。

2.父母说："一只蝴蝶飞来啦，落在了花上，又飞来了一只蝴蝶，看一看花丛中一共有几只蝴蝶?"(边说边将蝴蝶图片插入切缝里)

3.宝宝答出后，父母再继续提问："一会儿又飞来了一只蝴蝶，宝宝数一数现在是几只蝴蝶?"

4.依此类推，反复练习，最后让宝宝自己放蝴蝶，放完后再数。

专家提示

宝宝数的时候，指导宝宝数一只，手指屈一只，要求宝宝做到手口一致。也可以带宝宝到户外公园里去玩这个游戏，接近更真实的蝴蝶、花草，提升宝宝对大自然的感知能力。

大吃小

益智目标

让宝宝理解数的大小的概念，提升宝宝的数学能力。

游戏步骤

1.爸爸和宝宝玩扑克牌比大小的游戏。

2.爸爸和宝宝各有一半牌，每次双方各出一张牌，都反扣在桌上，然后数1、2、3，同时把出的牌翻过来。

3.比较这两张牌的数目，若是一样大的，就各自收回牌，若不是一样大的，小的牌被大的牌吃掉，归大牌所有者(这两张牌不能再用来出牌)。

4.直到把双方的牌都出完，最后谁得到的牌多谁就赢。

专家提示

每次比较两张牌的数目时，让宝宝念出牌的数目，说说几比几大，几比几小，这样在游戏中让宝宝慢慢理解大小的概念，提高数学智能。

自然认知智能

漂亮的树叶

益智目标

帮助宝宝认识更广阔的自然。

游戏步骤

1.在阳光明媚的时候，妈妈领着宝宝到户外走一走，选择一片树林，引导宝宝观察树叶漂亮的景象。

2.让宝宝的小脚踩在树叶上，听听声音，再让宝宝捡起树叶，用一根树枝挂起来，玩“卖羊肉串”的游戏。

3.妈妈捡起一些树叶捧在手里，举起来再撒下来，说：“下雨啦!”

4.让宝宝去抓撒下的树叶，妈妈在前面跑，宝宝在后面追。

专家提示

通过宝宝观察树叶、踩树叶、捡树叶，让宝宝更亲近自然，宝宝在户外通过快步走、踩等动作，体验到快乐，感受到自然的美好。

不同的空气

益智目标

提高宝宝的嗅觉能力。

游戏步骤

1.带宝宝到户外，有意识地让宝宝体验不同的空气。

2.在花草树木繁茂的公园，让宝宝深呼吸，鼓励宝宝说说公园的空气是什么味道。

3.在雨过天晴后，妈妈可以带宝宝出去呼吸一下清新的泥土气息。

4.在冬天的第一场雪后，妈妈带宝宝出去呼吸一下空气，并问宝宝是什么味道。

5.在车辆拥挤的街道边，妈妈让宝宝说说这里的空气是什么味道，并告诉宝宝：“污浊的空气对人的身体有害，所以要保护森林和绿草，这是我们的家园。”

专家提示

通过对新鲜空气和污浊空气的比较，使宝宝认识到污浊的空气对人是不好的，从而树立起保护环境的意识。

身体运动智能

捉小虫

益智目标

提高宝宝的运动协调能力。

游戏步骤

1.准备一根长约1米的绳子和一个玩具小车，用绳子将玩具系好。

2.妈妈将玩具小车放在地上，拉着绳子的一端拖着它跑。

3.跑的同时，让宝宝在后面追。

4.当宝宝追上玩具小车时，要用脚踩住它说：“我捉到了！”

专家提示

此游戏可以让宝宝练习追物跑和踩的动作。妈妈在拖着玩具小车向前跑时要控制好速度，比宝宝追的速度稍快一些，以此增加宝宝追物跑的兴趣。

捡豆豆

益智目标

训练宝宝手、眼的协调能力，促进肢体协调能力的发展。

游戏步骤

妈妈或爸爸准备一些干净的大蚕豆或小球放在宝宝面前，让宝宝用手去拾，锻炼宝宝拇指与食指捏拾的动作。

专家提示

此游戏可以训练宝宝拇指与食指捏拾细小物品这一精细动作。宝宝捡豆豆时，妈妈或家人应在一旁照看，以免宝宝将蚕豆吞入口中。如没有蚕豆，可以用棋子、小糖块等细小物品代替。

包糖块

益智目标

培养宝宝拇指与其他手指的配合能力。

游戏步骤

1.妈妈用橡皮泥做成“糖块”，可以是方形、圆形的，然后再用彩色皱纹纸剪成“长方形糖纸”。

2.妈妈拿出事先包好的几块“糖块”，让宝宝观察并鼓励宝宝说：“这是糖块。”然后告诉宝宝：“看看里面包的是什么呢?”妈妈示范剥开“糖纸”，告诉宝宝这“糖块”是用橡皮泥做的。

3.妈妈让宝宝模仿自己，把包好的“糖块”都剥开，然后妈妈教宝宝一起包糖块。妈妈教宝宝用拇指、食指配合的方法包好“糖块”，然后再将糖纸拧好。

专家提示

通过这个游戏，可以锻炼宝宝剥、包、拧纸的动作，提高其手及腕部小肌肉的协调动作能力，从而提高宝宝的身体运动智能。

音乐智能

学唱儿歌

益智目标

丰富宝宝的听觉想象力。

游戏步骤

1.妈妈先让宝宝听一首完整的儿歌。

2.妈妈一句一句教宝宝唱这首歌，并提醒宝宝要跟着节奏唱。

3.当宝宝学会后，妈妈要求宝宝一边唱一边跟着妈妈做动作。

4.妈妈唱上半句，宝宝唱下半句，一起来唱儿歌。

专家提示

让宝宝学会跟着旋律唱歌，能丰富宝宝的音乐感知能力和听觉能力，而且能培养宝宝愉快的情绪。

交谊舞会

益智目标

提高宝宝感受、辨别、记忆和表达音乐的能力。

游戏步骤

1.妈妈准备一盘优美的音乐磁带或

CD，妈妈站在地上，宝宝站在床上，妈妈右手搂着宝宝，左手抓住宝宝的右手。妈妈让宝宝的左手搭在自己的肩上，模仿跳交谊舞的姿势，

2.随着音乐节拍进行舞动，并引导宝宝做一些摇头、旋转、踢腿的动作。不要要求宝宝动作准确，只要能跟上节拍就可以。

3.爸爸和妈妈伴着音乐跳交谊舞，让宝宝欣赏，增加宝宝的直观感受。

专家提示

通过这个游戏，不仅能让宝宝体会音乐节奏和旋律，还可以促进宝宝对声音的敏感性，有利于记忆力、注意力的发展。

人际智能

礼貌大师

益智目标

开发宝宝人际关系能力。

游戏步骤

1.家长在宝宝面前做出打招呼、行礼鞠躬、说对不起、再见等动作，让宝宝跟着模仿。

2.让宝宝在镜子前面进行这样的活动，帮助宝宝了解肌肉运作的情形。

专家提示

家长在示范动作之余，要告知宝宝它们的意义，动作要很明确，让宝宝可以充分跟上。可以一再地重复，加深宝宝的印象。

一起玩游戏

益智目标

提高宝宝的人际交往能力。

游戏步骤

1.妈妈把一个硬纸板搁在书上形成一个较小的斜坡，引导宝宝从高处推玩具卡车，使玩具卡车滑到下面，让另一个宝宝去接，然后交换位置。

2.让两个宝宝相距一定距离，一来一往地滚球。妈妈要引导宝宝拿着自己的食物与大家分享，同时妈妈在一边引导宝宝说“姐姐吃”或“哥哥吃”。

3.妈妈还可以带宝宝去看别的宝宝玩的游戏，并引导宝宝把自己的玩具拿给别的宝宝玩，然后向别的宝宝借玩具玩。

专家提示

此游戏可以培养宝宝喜欢与同伴交往的行为，并学会注意同伴的行为，会把自己的东西让给同伴，从而培养乐于分享的美德。

内省智能

“我”、“我的”

益智目标

培养宝宝的自我意识。

游戏步骤

1.妈妈念儿歌：“我是你妈妈，你是宝宝，他是爸爸。”一边念，一边用手指指自己、宝宝和爸爸。

2.家长拿一只中等大小的塑料球和宝宝玩抛球的游戏，把球抛给宝宝时，说“给你”，宝宝抛球过来时，引导他说：“给你。”

3.练习一段时间，家长更换代词，将“给你”改成“给我”。

4.家长准备几个苹果，依次放在宝宝和自己面前，边放边说：“你的，我的，你的，我的……”

专家提示

家长要让宝宝掌握“我”和“我的”的概念，让宝宝真正意识到自我的存在，培养宝宝的自我意识。最初练习的时候，不要同时使用两个词是，以免宝宝混淆。

排队

益智目标

培养宝宝的规则意识。

游戏步骤

1.家长可邀请几个大一点的宝宝到家里来，和宝宝一起玩排队的游戏。

2.让一个宝宝充当汽车司机，家长和其他小朋友充当乘客。家长带着宝宝排队等，小司机两手在胸前转动，做握方向盘状，口中发出“嘀嘀”声，在房间里走动一圈，停在队伍前面。

3.家长让站在最前面的宝宝先上车（跟在司机身后），汽车在房间里开一圈，再载走队伍前面的宝宝。

4.游戏反复进行，直到所有的宝宝都上车。

专家提示

这个游戏要求宝宝学会等待，培养规则意识、耐心与坚持性，能克服宝宝“自我中心”的毛病，游戏中家长要引导宝宝耐心等待，维持好排队的秩序。

空间智能

火车进山洞

益智目标

锻炼宝宝的空间想象力。

游戏步骤

1.妈妈在给宝宝穿上衣的时候，让宝宝把左胳膊伸进衣袖，并对宝宝说："左边的火车进山洞了"，然后让宝宝把右胳膊伸进衣袖，并对宝宝说："右边的火车进山洞了"

2.妈妈给宝宝穿裤子时，先穿一条裤腿，并对宝宝说："火车进山洞喽。"

3.把另一条腿也穿进那条裤腿中，说："哎呀呀，撞车啦。"然后抽出一条腿，穿进另一条裤腿里。

4.在穿另一条裤腿时，妈妈可以说："哎呀呀，这条腿迟到啦，赶快进山洞吧！"

5.妈妈也可让宝宝自己练习穿裤子。

专家提示

此游戏可以锻炼宝宝的空间感知能力，加深宝宝对左、右、里、外等空间方位的理解，而且能提高宝宝的自理能力，让宝宝自己做一些力所能及的事。

收拾东西放到"里面"

益智目标

锻炼宝宝的空间感知能力。

游戏步骤

1.妈妈带宝宝回到家里，妈妈说："家里面真暖和。"并对宝宝说："把衣服脱下来放到衣柜里去吧。"

2.宝宝把衣服放到衣柜里，妈妈说："把玩具箱里的玩具拿出来玩一会儿吧。"

3.宝宝玩好后，妈妈让宝宝把玩具放回箱子里面去，并让宝宝把箱子里的玩具合理地摆放一下，这样就可以放更多的玩具了。

4.妈妈说："看来里面可以放很多东西啊。里面是一个大空间。"然后让宝宝看看箱子里面，加深对"里面"概念的形象认识。

专家提示

通过日常生活，可以培养宝宝合理利用空间的能力，同时也能感知到空间里、外的概念。

认识"上、下"

益智目标

建立宝宝的空间概念。

游戏步骤

1.准备两件不同的玩具，如一只玩具狗、一只玩具小鸭子。父母先把小狗放在椅子上面，告诉宝宝："小狗在椅子上面。"

2.把小鸭子放在椅子下面，告诉宝宝："小鸭子在下面。"

3.让宝宝根据父母的要求，分别将小狗、小鸭子放到椅子的上面或下面。

专家提示

下一次做这个训练时，可以另换一些不同的玩具，也可以将玩具放在桌子、茶几、床的上面或下面。前后、左右、高低等空间概念也可以用类似的方法教给宝宝。

制作风车

益智目标

锻炼宝宝的对称认知能力。

游戏步骤

1.准备一张正方形硬卡纸、胶水、图钉、大头针和筷子。

2.和宝宝一起将正方形的卡纸分别对角折，然后用剪刀沿着对角线剪至三分之二处。再将卡纸的四个角折至中心，并用胶水粘住，然后再用图钉和大头针将风车固定在筷子上。

3.让宝宝拿着风车到处摆动，也可以到户外跑动，风车会随着风转动。

专家提示

此游戏能让宝宝对图形的对称产生印象。而且，风车的转动还能让宝宝感受到风的存在，丰富自身对自然现象的感受。

生长发育智能测评

1 认识几种交通工具：汽车、马车、自行车、飞机、火车、轮船等：（以10分为合格）

A.6种(12分)

B.5种(10分)

C.4种(8分)

D.3种(6分)

E.2种(4分)(7种以上每种递增1分)

2 认颜色：红、黑、白、黄等：（以10分为合格）

A.3种(15分)

B.2种(10分)

C.1种(5分)(3种以上每种递增3分)

3 认数字或汉字：（9分为合格）

A.3个(15分)

B.2个(9分)

C.1个(5分)(4个以上每个3分，5个以上每个2分，10个以上每个1分递增)

4 认识家庭照片中的亲人：（以12分为合格）

A.6人(14分)

B.4人(12分)

C.3人(9分)

D.2人(6分)

E.1人(3分)(6人以上每人增加2分)

5 拿蜡笔画长线，为鱼点眼睛，会画圆(封闭的曲线)：（以10分为合格）

A.3项(15分)

B.2项(10分)

C.1项(5分)

6 说出自己“1岁”，伸食指表示：（以6分为合格）

A.会说(6分)

B.伸指(3分)

7 背儿歌：（以10分为合格）

A.全首(15分)

B.背两句(10分)

C.背押韵字(6分)(两首以上每首儿歌递增5分)

8 替大人拿东西，如拖鞋、小凳、日用品：（以10分为合格）

A.拿对4种(10分)

B.3种(8分)

C.2种(4分)

D.1种(2分)(五种以上每种递增2分)

9 自己端杯喝水少洒：（以5分为合格）

A.自己端杯(5分)

B.大人端杯(3分)

C.用奶瓶(0分)

10 自己会去坐盆：（9分为合格）

A.白天不湿裤子(12分)

B.偶湿裤子(9分)

C.每次要大人提醒(6分)

D.要人把(0分)

11 跑步：（以10分为合格）

A.自己渐慢停止(12分)

B.扶人扶物停止(10分)

C.大人牵着跑步(5分)

D.不敢跑(记0分)(跑得快增加3分)

12 踢球：（以9分为合格）

A.不必扶物或扶人(9分)

B.扶人扶物才踢球(6分)

C.牵手踢球(3分)(跑步踢球增加3分)

结果分析

1、2、3、4题测认知能力，应得41分；5题测精细动作，应得10分；6、7题测语言能力，应得16分；8题测社交能力，应得10分；9、10题测自理能力，应得14分；11、12题测运动能力，应得19分。共计可得110分。总分在90～110分之间为正常，120分以上为优秀，70分以下为暂时落后。

第7章

第25～26个月

宝宝左脑右脑智能开发

宝宝体能智能发育状况

本月训练要点

1.训练宝宝的口语表达能力。

2.训练宝宝自己吃饭。

3.教宝宝认识几种颜色。

4.鼓励宝宝多跑、跳，使动作能力更协调。

宝宝左脑右脑智能发展参考水平

左脑

语言智能： 向别人介绍自己的姓名、年龄，以及父母的名字等

数学逻辑智能： 能用大小不同的杯子量米

自然认知智能： 能正确使用筷子吃饭

右脑

身体运动智能： 能够抓住单杠悬空

音乐智能： 跟着音乐和别人相互配合伴奏

人际智能： 喜欢玩与人打交道的游戏

内省智能： 有一定的控制能力

空间智能： 知道自己身体的两侧是以左、右命名的

宝宝体格发育参考标准

身长

男孩

81.1～96.3厘米，平均88.7厘米

女孩

81.0～95.0厘米，平均88.0厘米

我的宝宝：______厘米

体重

男孩

10.1～15.7千克，平均12.9千克

女孩

9.6～14.9千克，平均12.3千克

我的宝宝：______千克

头围

男孩

45.6～50.8厘米，平均48.2厘米

女孩

44.7～49.5厘米，平均47.1厘米

我的宝宝：______厘米

胸围

男孩

45.1～53.1厘米，平均49.1厘米

女孩

44.0～52.0厘米，平均48.0厘米

我的宝宝：______厘米

囟门

大多数宝宝前囟门已闭合

我的宝宝：______

牙齿

已经长出16～20颗牙齿

我的宝宝：______

促进宝宝智能发育的营养方案

现在宝宝的大脑发育是最活跃的时候，所以，宝宝健康的饮食结构与饮食习惯是保证智能发育的基础。本阶段宝宝的进餐方式应该是一日三餐，外加1～2次点心。他可以进食与其他家庭成员相似的食物，随着语言与社交技能的进步，如果有机会让他与其他人一起进餐，在进餐时间他会积极参与。幸运的是，现在宝宝的进餐技能已经变得相对比较“文明”。

2岁多时，他已经学会使用汤匙，用一只手拿杯子喝水，并食用相当一部分可以用于抓着吃的食品。3岁时，他应该可以使用叉子，并自己吃饭，只是偶尔才会将食物从盘子里溅出或不能将食物送入口中。但在他可以自己进餐时，仍然正在学习有效地咀嚼和吞咽，边吃边玩时还是会呛食，发生窒息的危险仍很高，因此要避免宝宝整块吞咽食物，防止阻塞气管。

可进食杂食的宝宝基本上没有必要补充维生素，但是如果宝宝很少吃肉、含铁丰富的谷类食物或蔬菜，则有必要补充铁元素。大量牛奶也会影响铁的吸收，导致身体缺铁。宝宝每天饮用牛奶应该在500～1000毫升之间；可以提供骨骼生长所需要的钙，而不至于影响进食其他食物——特别是那些含铁丰富的食物。

父母须知

音乐智能是八种智能中最早萌发的一种，通过音乐智慧发展，能够发展幼儿感受、辨别、记忆、改变和表达音乐的能力，同时也促进幼儿对声音的敏感性和记忆力、注意力等的发展。对宝宝发展语言智能、数学智能、空间智能都会起到直接或间接作用。音乐智慧主要是指感受、辨别、记忆、改变和表达音乐的能力，表现为个体对音乐包括节奏、音调和旋律的敏感以及通过作曲、演奏和歌唱等表达音乐的能力。这种智力在作曲家、指挥家、歌唱家、演奏家、乐器制造者、乐器调音师身上有比较突出的表现。音乐智慧在1～3岁幼儿身上的表现则是爱听音乐，喜爱音乐活动，能正确演唱、敲击，能创作简单的音乐并能表演，抒发感情，等等。

左脑智能开发训练

语言智能

说反义词

益智目标

让宝宝初识反义词，提高语言反应能力。

游戏步骤

1.准备看图识字卡片若干张(包含有反义词的)。爸爸和妈妈做个示范："幼儿园里小朋友多，老师少；马路上梧桐树很高，桃树很矮。"等等。

2.家长说一个词，要求宝宝说有相反意思的词。

专家提示

鼓励宝宝进行联想，在同类东西的相比中，找出相反意思的词来表达。力求表达正确，不要过分追求速度和数量。

传电报

益智目标

培养宝宝的语言表达能力。

游戏步骤

1.妈妈或是爸爸在孩子耳边讲一些有趣的电报内容，如"小猴在森林里跳迪斯科"，"小老鼠打败了大老虎"等。

2.宝宝听后传给第三个人，第三个人讲出电报内容，发电报人进行验证。如无第三个人，则要求宝宝在妈妈或是爸爸的耳边再复述一遍。

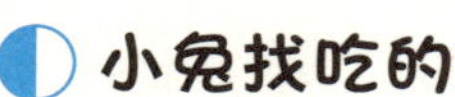

家长先向宝宝讲解游戏内容，可以先做示范。随着宝宝理解能力的加强，父母可以不断丰富电报的内容。

小兔找吃的

益智目标

帮助宝宝了解生活常识，提高语言表达能力。

游戏步骤

1.妈妈为宝宝准备好一个小篮子，画有蘑菇、萝卜、白菜等蔬菜的图片。

2.妈妈把蘑菇、萝卜、白菜等图片分散地放在距宝宝约两米左右远的地方。宝宝扮演小白兔，妈妈扮演兔妈妈，一蹦一蹦地对宝宝说：“兔宝宝，跟妈妈一起去找吃的吧！”当宝宝蹦到白菜玩具前面的时候，妈妈问：“宝宝，我们找到什么好吃的了？”宝宝回答：“白菜。”妈妈让宝宝捡起白菜玩具，放到篮子里。

3.引导宝宝继续往其他图片处蹦跳，再次问宝宝的时候，要注意引导让宝宝把句子说完整。

专家提示

通过这个游戏，不仅可以丰富宝宝的生活常识、提高语言能力，还能锻炼宝宝的跳跃能力，强化宝宝的运动智能。

当当当

益智目标

提升宝宝的数学能力。

游戏步骤

1.准备1～5个圆点的卡片五张。爸爸做小钟，嘴里发出“当、当”声。

2.宝宝听到一声“当！”就拿1个圆点的卡片。听到“当、当！”就拿2个圆点的卡片。

3.爸爸发出的钟声逐步加快，宝宝的反应也要迅速灵敏。

专家提示

游戏时可以交换角色，宝宝做小钟，爸爸拿卡片。或者是妈妈与宝宝比赛，爸爸当裁判。游戏开始时顺着1～5的数字拿卡片，以后不要按顺序训练，以培养宝宝灵敏的反应能力。

今天星期几

益智目标

丰富宝宝的数学知识。

游戏步骤

1.妈妈在不干胶贴纸上写出星期一至星期日的文字和图注，星期六和星期日可用用星星表示。

2.从星期一醒来就给宝宝一张贴纸贴在第一格，并提醒宝宝今天是星期一，先贴第一张。

3.星期二贴第二张、星期三贴第三张，以此类推，让宝宝有时间累积的感觉。

4.到了星期六和星期日，妈妈可以给宝宝贴上不同的贴纸，以示跟前几天的区别。

专家提示

时间变化也是数学概念之一，让宝宝了解星期一至星期五是工作日，星期六和星期日是休息日，从而锻炼宝宝的左脑。

摆数字和图形

益智目标

帮助宝宝认识数字，提高数学智能。

游戏步骤

1.妈妈可以引导宝宝用火柴棒或小木棍摆出数字1～5，边摆边让宝宝念："1、2、3、……"

2.在摆数字5之后，再多拿两根火柴棒，让宝宝摆数字8，如果宝宝感到困难，妈妈可以做些提示，最后宝宝还是可以摆出8的。

3.也可以利用火柴或小木棍摆出三角形、方形、梯形等图形。

专家提示

通过摆小火柴棒的游戏，可以让宝宝认识更多的数学，提高数学能力。还可以提高宝宝手部灵活性的发育，集中宝宝的注意力。

自然认知智能

踩影子

益智目标

增长宝宝的自然知识。

游戏步骤

1.选择一个阳光灿烂的日子，带宝宝到户外。

2.站在阳光下，让宝宝观察爸爸、妈妈和自己的影子，说说每个人的影子的大小以及为什么。

3.让宝宝跑一跑、跳一跳、摇一摇、停下来、蹲下来，然后看看自己的影子有

什么变化。

4.等宝宝玩累了，带宝宝到阴凉处，问问宝宝为什么影子不见了，并给宝宝分析影子与太阳光的关系。

专家提示

通过游戏，让宝宝了解光与影的因果关系，增长宝宝的自然知识。父母还可以在一天中不同时间，同一地点做这个游戏，让宝宝观察影子发生的变化。

品尝食物

益智目标

锻炼宝宝的味觉，提高其自然智能。

游戏步骤

1.准备几种宝宝喜欢的口感相近的食物，味道不能相差太多。

2.妈妈把食物放在不同的碗里，把这些碗在桌子上排成一排。妈妈可以告诉宝宝所有食物的名称。

3.妈妈用眼罩把宝宝的眼睛蒙起来，用汤匙舀起一种食物，让宝宝尝一尝，让宝宝猜一猜吃的是哪一种食物；然后把食物拿到宝宝面前，让宝宝看自己猜对了没有。

4.如果错了，就让宝宝再尝一下。用同样的方法，让宝宝尝遍所有的食物。

专家提示

此游戏能让宝宝尝到更多的味道，丰富味觉刺激。但要注意不要让宝宝一次性吃太多，以免宝宝腹胀。也不要给宝宝预备太凉的，如冰淇淋之类的东西。

身体运动智能

大狗睡觉醒不了

益智目标

发展宝宝的身体运动能力。

游戏步骤

1.妈妈先在硬纸上画出狗的头部轮廓，把它剪下来，再用彩笔进行装饰，用细绳串好后挂在宝宝的胸前。

2.妈妈和宝宝蹲下，一起说儿歌：

大狗睡觉醒不了，小狗偷偷往外瞧，
因为小狗爱训练，轻手轻脚往外跑。

说完儿歌后，宝宝（饰演小狗）悄悄地离开妈妈（饰演大狗）。

3."大狗"睡醒后，边伸懒腰边说：

大狗睡醒仔细瞧，
不见小狗怎么得了。
汪，小狗小狗哪儿去了？

"小狗"（宝宝）听到"大狗"（妈妈）的叫声，迅速跑回大狗的身边。

专家提示

游戏开始前，妈妈最好给宝宝指定一个地点，不要太远，以免宝宝失去方向。

小猴爬树

益智目标

锻炼宝宝的肢体协调能力和体能。

游戏步骤

1.爸爸妈妈带宝宝去动物园看猴子，并和宝宝说一说猴子的样子与喜好；爸爸对宝宝说："你来做猴子，爸爸做大树，我们玩一个猴子爬树的游戏吧！"

2.爸爸要先选择一处较大的空间，然后伸出一只手臂做树枝，让宝宝双手抓住，身体悬挂在"树枝"上，爸爸轻轻摇晃手臂，让宝宝在手臂上荡秋千；爸爸伸出另一只手臂，鼓励宝宝慢慢地爬过去。

专家提示

此游戏不仅提高了宝宝肢体的灵敏度与协调性，而且还能增进亲子关系，对宝宝良好性格的形成有积极的作用。

竹竿游戏

益智目标

提高宝宝身体动作的协调能力。

游戏步骤

1.准备两根细竹竿、妈妈和宝宝一前一后，分别把两根竹竿放在身体两边，各自握着竹竿的一端，模拟开汽车。

2.妈妈和宝宝边走边说："嘀嘀嘀，汽车开动了。"说"停车了"时，"汽车"就停下来。还可以做小鸟飞的动作，妈妈和宝宝双手握着竹竿，上下反复地摆动，并踮起双脚，在场地上来回走动。

3.妈妈和宝宝还可以做划船的动作，并排站立好，把竹竿放在身体前面，双手拿着竹竿，当船桨原地前后摆动。还可以让宝宝任意想象一些动作来做。

专家提示

通过竹竿游戏综合练习，能使宝宝身体各部位都得到锻炼，提高宝宝身体运动能力。而且，边做操边说话，还可以发展宝宝的语言能力。

音乐智能

手指钢琴

益智目标

丰富宝宝的音乐知识。

游戏步骤

1.妈妈和宝宝面对面坐着，伸出手，妈妈告诉宝宝，右手食指是"Do"，中指是"Re"，无名指是"Mi"，小指是"Fa"，

2.妈妈把这些音节写在宝宝手指上。接着妈妈再告诉宝宝，左手小指是"So"，无名指是"La"，中指是

手指钢琴

"Si"，食指是"Do"(高音)，把音节写在手指上。

3.都写好之后，妈妈先让宝宝练习从低音"Do"到高音"Do"。唱的时候宝宝要碰触妈妈的手指，每碰一根指头就跟着唱其代表的音阶，反复练习几遍。

专家提示

此游戏不仅能让宝宝的听觉变得更灵敏，还能丰富宝宝的音乐知识，锻炼宝宝的发音。

人际智能

帮宝宝找朋友

益智目标

培养宝宝与人相处的经验。

游戏步骤

1.家长可多带小朋友去参与外面的活动，增加宝宝与其他小朋友相处的机会。此外，家中附近的公园其实是最好的地方，大大小小的小朋友都有机会遇到，可以让宝宝练习照顾较年幼的小朋友，也可以带宝宝学习和年龄较大的小朋友玩。

2.鼓励宝宝和大家互动，练习如何和其他人相处。进到公园后，妈妈要先做示范，和遇到的大人、小朋友打招呼，同时也带着宝宝认识大家。

3.爸爸妈妈要将宝宝当作是自己的朋友，而不是财产或附属品，如此便能本着朋友相互协助的关系，发展出良好的亲子关系，也不容易放纵宝宝。

专家提示

如果爸爸妈妈本身就不爱交朋友、不善分享，那么宝宝看不到实际的经验，当然很难踏出第一步。在这方面，家长应该要以身作则，示范给宝宝看。

买卖玩具

益智目标

培养宝宝的社会交际能力。

游戏步骤

1.妈妈为宝宝准备一些玩具、三个钱袋和一些硬币。妈妈和宝宝一起在这些玩具上标上价格。爸爸和妈妈先进行买卖活动让宝宝观看：妈妈拿出洋娃娃大声地介绍玩具的优点，爸爸扮演买洋娃娃的人。

2.游戏开始，爸爸、妈妈和宝宝分别拿几种玩具放在自己面前，每人手里一个

钱袋。当宝宝想买一个新的玩具时，父母要引导宝宝说："我要买×××。"

3.让宝宝到妈妈和爸爸面前挑选想买的玩具，并引导宝宝问价格："这个多少钱？"宝宝买完后，家长要给予鼓励。

专家提示

通过探索买卖玩具的方法和策略，可以提高宝宝的社会交往能力，而且能引导宝宝接触更多的社会语言，丰富语言知识。

内省智能

做厨师

益智目标

提高宝宝的内省智能。

游戏步骤

1.妈妈准备一些厨房用具类玩具，并对宝宝说："咱们一起玩做厨师的游戏吧！"

2.妈妈和宝宝一起把塑料的玩具锅、碗、刀等摆在桌子上；然后妈妈要给宝宝做示范。比如用铲子铲一些沙子，放入玩具锅内盖好，一会儿就可以对宝宝说饭熟了。

3.教宝宝"炒菜"，将一些碎纸片放入锅内，用铲子铲一会儿，然后对宝宝说菜已经炒好了，可以盛出来了。

4.妈妈可以在游戏中反复给宝宝下达指令，并引导宝宝完成各项任务。

专家提示

此游戏可以培养宝宝学习社会的角色规范，对促进宝宝内省智能的发展具有非常大的价值。

空间智能

小手拍拍

益智目标

培养宝宝对左、右的认识能力。

游戏步骤

1.当宝宝学会用筷子时，妈妈可以问宝宝："你用哪只手拿筷子？"宝宝会举起右手，妈妈就说："是右手。"并让宝宝跟着自己重复一遍。

2.妈妈也可以用儿歌的方式帮助宝宝认识左右，比如：

小手拍拍，小手拍拍，
左手在哪里？举手摆一摆。

小手拍拍，小手拍拍，
右手在哪里？举手摆一摆。
小手拍拍，小手拍拍，
左眼在哪里？用手指出来。
小手拍拍，小手拍拍，
右眼在哪里？用手指出来。
小手拍拍，小手拍拍，
左脚在哪里？轻轻抬一抬。
小手拍拍，小手拍拍，
右脚在哪里？轻轻抬一抬。"

专家提示

此时的宝宝已经能分清左右了，而且能逐渐知道自己身体两侧的器官是以左右来区分，从而能分清以身体为中心的两边的方向。

走曲线

益智目标

培养宝宝的空间知觉智能。

游戏步骤

1.妈妈带着宝宝找一块平坦的空地，准备一面小红旗，一面小绿旗。妈妈在地上画出两条间距约30厘米的像小路一样的S形曲线，在"路"的两边分别插上小红旗和小绿旗。妈妈在"路"上走一遍，告诉宝宝走的时候脚不能踩线。

2.让宝宝独自从红旗处出发，到"小路"的尽头去取绿旗。

专家提示

通过这个游戏，不仅能提高宝宝对周围空间的认知能力，同时还可以提高宝宝的手眼协调能力以及身体平衡能力。此时的宝宝已经具备了走直线的能力，走S形曲线的方式能激发宝宝对走路的兴趣，

上下分得清

益智目标

建立宝宝的方位概念。

游戏步骤

1.妈妈为宝宝准备各种颜色和形状的积木，让宝宝随意搭积木。

2.妈妈可以指着积木问宝宝哪种颜色和形状的积木在哪个位置，如"黄色三角形的积木在红色长方形的积木上面还是下面？"、"绿色方形积木的下面是什么？"等等，让宝宝回答。

3.妈妈让宝宝按照指令把积木搭起来。如“把红色长方形积木放在黄色三角形积木下面”、“把两个方形积木放在半圆形积木下面”，等等。

4.把宝宝的玩具按照上下左右摆开，让宝宝说说谁在谁的上面，谁在谁的下面，谁在谁的左边，谁在谁的右边。

专家提示

在上、下、左、右等基本方位中，宝宝对上和下的方位理解相对比较容易，这个游戏，通过让宝宝摆放物品，并结合语言和动作来理解上和下的概念。

找三角形

益智目标

训练宝宝的图形认知能力。

游戏步骤

1.家长可以事先画一个简单的包含几个三角形的几何图形。家长让宝宝看图形，告诉宝宝这个图形是由多个三角形组成的。

2.让宝宝仔细观察，并数一数这个图形上一共有多少个三角形。

专家提示

1～3岁是宝宝形状知觉发展的关键时期，因此，适时适当地教宝宝认识一些图形，对宝宝今后数学智慧和空间智慧的发展都是极其有益的。

把明显的三角形寻找出来时是很容易的，但由于受其他线条的干扰，寻找隐蔽的三角形就比较困难，家长应该给予提示让宝宝仔细观察。

第8章

第27～28个月

宝宝左脑右脑智能开发

宝宝体能智能发育状况

本月训练要点

1.能用语言表达自己的情感，会讲一些简单的故事。

2.训练宝宝熟练地用筷子吃饭。

3.能整理自己的玩具。

宝宝左脑右脑智能发展参考水平

左脑

语言智能： 能学会认识变化的汉字

数学逻辑智能： 能用数字卡片摆出10以上的数字

自然认知智能： 会进行一些简单的扣扣子等动作

右脑

身体运动智能： 能单腿站立，并学会接反跳球

音乐智能： 能自己一边唱歌一边用肢体表演

人际智能： 乐意与他人分享食物

内省智能： 非常重视自己的东西

空间智能： 能够认出一些简单的几何图形

宝宝体格发育参考标准

身长

男孩

82.2~97.4厘米，平均89.8厘米

女孩

82.1~96.1厘米，平均89.1厘米

我的宝宝：______厘米

体重

男孩

10.3~15.9千克，平均13.1千克

女孩

9.8~15.1千克，平均12.5千克

我的宝宝：______千克

头围

男孩

45.9~51.1厘米，平均48.5厘米

女孩

45.0~49.8厘米，平均47.4厘米

我的宝宝：______厘米

胸围

男孩

45.6~53.6厘米，平均49.6厘米

女孩

44.5~52.5厘米，平均48.5厘米

我的宝宝：______厘米

囟门

大多数宝宝前囟门已闭合

我的宝宝：______

牙齿

已经长出16~20颗牙齿

我的宝宝：______

促进宝宝智能发育的营养方案

随着现代人生活品质的提高，人们在日常生活中吃的粮食越来越细致，大多数家长以为，对咀嚼能力还不完善的宝宝来说，更应该细粮细做了，其实这是不正确的。

这个时期宝宝的消化吸收能力发育已相当完善，乳牙也基本长齐，此时，粗粮也应正式进入宝宝的食谱。太精细的粮食会造成某种或多种营养物质的缺乏，引起一些疾病，因此，粗粮在人们生活中是不可缺少的。粗粮中含有丰富的营养物质，如B族维生素、膳食纤维、不同种类的氨基酸、铁、钙、镁、磷等，能满足宝宝的营养需求。

父母须知

研究发现，交往智慧是人类智慧的重要组成部分，人类社会的维系有赖于人际交往智慧。人际交往智慧高的人能够考虑到自己的行为后果，预测他人的行为，确定潜在的利益和损失，并能成功地处理各种人际交往问题。后天的培养对人际交往智慧的形成有很大的影响作用，因此，在孩子幼小的时候就应该培养。

1～3岁宝宝社会交往智慧的发展特点：

1.在看护人在的情况下，宝宝开始探索周围环境；

2.主动与人交往，接纳一些除家人以外的熟悉的人，如保姆、邻居；

3.逐渐学会分享，能与别的孩子玩，会给别人玩具；

4.开始关注社交准则，如知道自己应该怎么做：

5.出现亲社会行为，在他人感到难过时，会做出一些安抚行为；

6.开始表现出同情心，善良的一面。

左脑智能开发训练

语言智能

五花八门的车子

益智目标

提高宝宝的语言能力。

游戏步骤

1.准备各种各样的车子模型及图片，父母出示图片让宝宝看看有哪些车子。

2.父母告诉宝宝："今天我们来玩猜谜语的游戏。"

举例：要排队等，一个一个买票或投币才能坐的车。（公共汽车）

抓坏人的时候，警察就会开着它出来。（警车）

只要招手就能上车，告诉开车的人要到哪里，它就会送你到哪里。（出租车）

只要用脚踩，不需要用汽油就能走的车子。（自行车）

3.让宝宝把车子挑出来。

4.在回答对问题后，家长可以问问宝宝在什么地方看见过这些车子。

专家提示

此游戏能帮助宝宝认识不同车子的样子和功能，可以锻炼宝宝的反应能力，使宝宝能够快速回答问题。游戏后，还可带宝宝制作自己喜欢的车子卡片，以训练宝宝的动手能力。

猜我在做什么

益智目标

提高宝宝的语言表达能力和认知能力。

游戏步骤

1.准备一些日常生活用品，如杯子、毛巾等。

2.妈妈做喝水动作，拿起杯子做喝水的动作，然后问宝宝："宝宝，猜猜妈妈在干吗？"引导宝宝用语言表达出来。

如果宝宝猜对了，妈妈可以继续表演“洗脸”，做洗脸动作，然后拿毛巾在脸上擦，再让宝宝猜一猜妈妈在做什么。

3.为了提高宝宝的兴趣，还可以互换角色，让宝宝表演动作，换妈妈来猜。

专家提示

通过这个游戏，可以帮助宝宝学习日常生活中的一些常识，而且能锻炼语言表达能力和想象力，促进语言智能的发展。

数学逻辑智能

小猴摘香蕉

益智目标

提升宝宝的数学能力。

游戏步骤

1.提前准备好小猴和香蕉的图片。父母出示小猴子的图片，告诉宝宝：“小猴现在要去摘香蕉了，先摘了一支香蕉。”

2.出示一张香蕉图片问宝宝：“现在摘了几只香蕉？”让宝宝回答。

3.父母接着说：“小猴还要给它的弟弟再摘一只香蕉。”再出示一张香蕉图片问宝宝“小猴现在一共摘了几只香蕉啊？”

4.问宝宝：“这两只香蕉是怎么来的呀？”引导宝宝说出来“两只香蕉是由一只香蕉再添上一只香蕉得到的。”

专家提示

通过游戏让宝宝知道1加1是2，2加1是3，提高宝宝的数学计算能力。父母不要急于求成，如果宝宝回答错了，要耐心引导。

数豆豆

益智目标

提高宝宝的分类能力。

游戏步骤

1.妈妈准备红豆、黄豆、绿豆各7颗，红、黄、绿水果盘各1个。

2.妈妈先将各种豆子混在一起，倒在地毯上。

3.让宝宝按照颜色分类，将豆子一颗颗拣出来，分别放进同豆子颜色一样的盘子里。

4.妈妈还可以带领宝宝一边拣豆子一边念儿歌：

红豆豆，绿豆豆，我们一起数豆豆，
一二三，三二一，一二三四五六七；
黄豆豆，红豆豆，我们一起数豆豆，
一二三，三二一，一二三四五六七。

5.摆好后，妈妈告诉宝宝每种豆子的名称、用途和食用方法。

专家提示

此游戏不仅能锻炼宝宝手眼的协调能力，还能培养宝宝的专注能力。让宝宝对数字形成具体认识，为今后发展数学能力打下基础。

自然认知智能

接触泥土

益智目标

提升宝宝对自己身体和周围环境的感知能力。

游戏步骤

1.父母将泥土或沙土放置在大盆或大塑胶布上面，使宝宝能将整个身体进入其中，并且使全身各部分都能接触到泥土和沙土，尤其是手。

2.让宝宝用手做泥球或捏成各种形状，父母要注意观察宝宝对各种材料接触时的反应。如果宝宝还可以接受，不妨增加泥土及沙土的量，使宝宝的身体接触面更大些。

3.可以改用其他接触物，如纸、树叶、涂料、米、豆等，强化宝宝的触觉识别力，以促进其感知能力的发展。

专家提示

玩沙、玩水是宝宝的天性。神奇的大自然是最吸引宝宝的地方，随着年龄增长，宝宝的探索欲不断增强，家长要多带宝宝走进大自然，让宝宝自由探索。

右脑智能开发训练

身体运动智能

扔纸球

益智目标

锻炼宝宝的手指协调能力。

游戏步骤

1.妈妈为宝宝准备一个篮子（菜篮或洗衣篮）和废旧报纸。

2.拿一些报纸，把报纸裹成一团，做成一个一个纸球。

3.妈妈、爸爸和宝宝轮流扔纸球，每人扔10个，看谁扔进篮子里的球最多。

专家提示

通过这个游戏，可以练习宝宝手的协调与控制能力，为宝宝的运动智慧进一步发展打好基础。

我是好司机

益智目标

提高宝宝的肢体协调能力。

游戏步骤

1.准备呼拉圈（两人一个），或是小投环（一人一个），找一片较空旷的场地。

2.邀请宝宝进行开汽车的训练，可以载客人（两人一个），也可以单独自己一个人开。

3.当宝宝选好以后，告诉宝宝汽车有时快、有时慢。快的时候用跑的，慢的时

候用走的，并示范跑与走的动作，让宝宝自由调整步伐。

专家提示

让宝宝在游戏中区分走与跑的不同，在快与慢的节奏中，学习掌握及控制自己的肌肉。由于有些时候需要跑步，因此在游戏前，爸爸妈妈们要注意场地是否够大，避免宝宝因为不小心互相碰撞或是撞到家具而受伤。

蹲下跳起

益智目标

提高身体灵活性，发展宝宝的肢体协调能力。

游戏步骤

1.宝宝先蹲下来，双手握住脚踝，把头埋在双腿间，妈妈拍手说儿歌：

小鞭炮，小鞭炮，嘭嘭一响真热闹，

妈妈赶快点一点，嘭嘭嘭嘭跳的高。

2.妈妈用手抚摸宝宝的头，并做点鞭炮的动作。

3.宝宝待妈妈做完动作后，慢慢放松身体，用力向上跳，同时嘴里发出“嘭”的声音。

专家提示

游戏开始时，宝宝从蹲到跳的动作过程中，不宜过猛、过快，跳起时要注意安全，别撞着旁边的东西。

音乐智能

沙锤伴奏

益智目标

培养宝宝的节奏感。

游戏步骤

1.准备好儿童音乐磁带、沙子、小饮料瓶、小勺。妈妈让宝宝用小勺舀起沙子装进小饮料瓶内，装到一半后拧紧饮料瓶的盖子，一个简易的“沙锤”就做好了。

2.妈妈用录音机播放宝宝喜欢的歌曲，让宝宝拿着做好的“小沙锤”为乐曲伴奏。也可以让宝宝拿着自制的“沙锤”跟着音乐的节奏摇摆小身体。

3.游戏的时候，妈妈也可以用DV录下宝宝拿沙锤伴奏的画面。以后等宝宝长大了放给宝宝看，是一份非常珍贵的回忆。

专家提示

练习用沙锤伴奏，能培养宝宝的节奏感。让宝宝练习用小勺舀物品，可以提高手眼的协调能力和手的控制能力。

它们会唱歌

益智目标

增强宝宝的听力与声音辨别能力。

游戏步骤

1.准备一个玩具小闹钟、一个小鼓、一个小铃铛等。妈妈拿出玩具，与宝宝面对面坐在地上。

2.妈妈演示小闹钟唱歌时发出滴答滴答的声音，击打小鼓，摇动小铃铛等物体。

3.让宝宝模仿上述物体的声音并动手击打小鼓，摇动小铃铛，体会这些声音。

4.让宝宝想象模仿门铃、打气筒、大风、小雨等是如何唱歌的，妈妈可以为宝宝念儿歌：

小闹钟唱歌，滴答滴答。
小门铃唱歌，丁咚丁咚。
小鼓唱歌，咚咚咚咚。
打气筒唱歌，气气气气。
大风唱歌，呼呼呼呼。
小雨唱歌，沙沙沙沙。

专家提示

通过这个游戏，不仅可以培养宝宝的节奏感，还可以锻炼宝宝手部小肌肉的灵活性。

人际智能

我的好朋友

益智目标

提高宝宝的人际关系能力。

游戏步骤

1.爸爸妈妈可以先告诉宝宝：“我的好朋友是某某某，她有长长的头发，我最喜欢听她唱歌。”等等。

2.让宝宝努力表达出自己心中的好朋友是谁，叫什么名字，为什么喜欢和他一起玩，等等。

专家提示

爸爸妈妈先跟宝宝说明，大家来谈谈好朋友，问问宝宝有几个好朋友。如果宝宝不了解朋友的定义，爸爸妈妈可以加以解释说是“你最喜欢一起玩游戏的人”。通过分享与诉说，让宝宝更进一步地了解好朋友的意义，并学习如何培养友谊和欣赏别人的优点，从而提高宝宝的人际关系能力。

分享食物

益智目标

培养成宝宝乐于与他人分享的习惯。

游戏步骤

1.妈妈把西瓜切好，让宝宝分别拿给爷爷、奶奶和爸爸、妈妈吃，并要告诉宝宝：“爷爷和奶奶是长辈，宝宝要把最大的西瓜拿给爷爷、奶奶吃。”

2.告诉宝宝：“爸爸、妈妈也是长辈，宝宝应该在剩下的里面挑最大的给爸爸、妈妈吃。最后宝宝再拿西瓜自己吃。”

3.如果宝宝不高兴，妈妈要告诉宝宝：“爷爷、奶奶、爸爸、妈妈都很疼宝宝，宝宝也应该尊敬长辈。”

4.为了奖励宝宝，妈妈可以把自己的和宝宝换。这会鼓励宝宝逐渐学会尊敬长辈。

专家提示

此游戏可以培养宝宝乐于与他人分享的习惯，从而在集体活动中感受到快乐，形成开朗的性格。

内省智能

学会自我介绍

益智目标

锻炼宝宝的口头表达能力。

游戏步骤

1.平时教宝宝学会说出自己的名字、年龄、性别，并告诉宝宝爸爸妈妈的姓名、单位以及家里的电话等，让宝宝经常练习，直到熟练。比如：“我叫妞妞，今年2岁，我是女孩”，“我爸爸叫××，我妈妈叫××”等。这样一旦宝宝走失，也方便其他人帮他找到家。

2.可带宝宝认识附近的居委会、派出所或自己单位的人，以便出现意外宝宝能寻求他们的帮助。

专家提示

此游戏对宝宝来说非常重要，通过对宝宝的训练，可以让宝宝在紧急求助时能正确说出自己的名字和家人的相关信息，以便获得他人的帮助。

空间智能

积木在什么位置

益智目标

培养宝宝的空间认知能力。

游戏步骤

1.家长在宝宝面前摇一个摇铃以吸引宝宝的注意力，当宝宝注意摇铃时，家长将它拿到桌子下面，同时说："摇铃在桌子下面。"同样的，把摇铃放在桌子上面、抽屉里面、抽屉外面。

2.家长拿一块积木，把它放在桌子上下、抽屉里外，让宝宝找出来，并说出位置。

3.家长给宝宝一块积木，家长说："把它放到桌子上面（或是下面，抽屉里面或是外面）。"要宝宝把积木放在相应的位置。

专家提示

此游戏可以教宝宝怎样将积木放在桌子上面、桌子下面、抽屉里面、抽屉外面，提高宝宝对空间方位的认知和理解能力。也可用宝宝爱吃的食品来做这个游戏，找到后将食品给宝宝吃，以示奖励。家长一开始可以告诉宝宝积木等所在的位置，慢慢减少帮助。

跷跷板

益智目标

让宝宝感知不同的方位，提升宝宝的空间智能。

游戏步骤

1.妈妈可以带宝宝去玩跷跷板，如果妈妈坐的那一端翘起来，宝宝坐的那一端就会降下去。这时妈妈可以问问宝宝："谁在上面呢？谁在下面呢？"如果宝宝回答不上来，妈妈可以告诉宝宝："谁离天近，谁就在上面，谁离地近，谁就在下面。"

2.宝宝回答正确后，可以交换位置一上一下玩一会儿。当宝宝在上面时，妈妈再问宝宝："谁在上面？谁在下面？"如果宝宝还是答不上来，妈妈就要按照上面的方式重复一遍给宝宝听。如果宝宝答对了，妈妈就要给予夸奖。

专家提示

此游戏不仅能让宝宝学会平衡身体，还能感受到上、下不同方位的变化，从而丰富空间方位知觉。

第9章

第29～30个月

宝宝左脑右脑智能开发

宝宝体能智能发育状况

本月训练要点

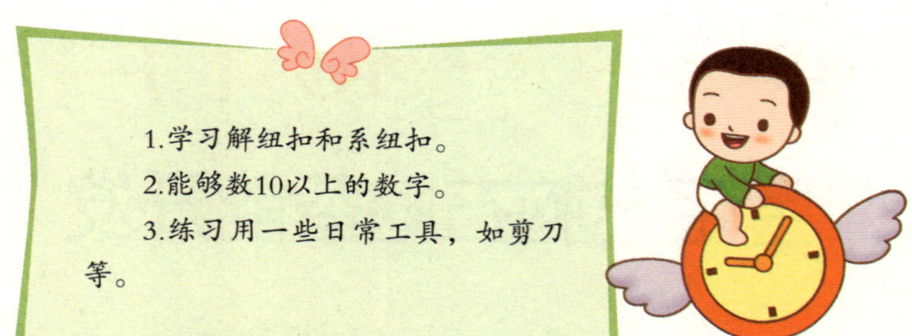

1.学习解纽扣和系纽扣。

2.能够数10以上的数字。

3.练习用一些日常工具，如剪刀等。

宝宝左脑右脑智能发展参考水平

左脑

语言智能：能回答故事中的一些问题

数学逻辑智能：能感知数与量的关系，并且能够分类和排序

自然认知智能：在家长的引导下会收拾自己的玩具，能记住在0.5秒之内通过自己眼前的东西

右脑

身体运动智能：能使用剪刀，能向上攀登支架

音乐智能：能边听歌曲边唱歌，能听出不同材料发出的声音

人际智能：乐于帮助他人

内省智能：会自己洗手、擦手

空间智能：能理解相反的方位，并学会划分方位，学会均匀地涂颜色

宝宝体格发育参考标准

身长

男孩

84.3~99.1厘米，平均91.7厘米

女孩

83.1~97.5厘米，平均90.3厘米

我的宝宝：______厘米

体重

男孩

10.5~15.8千克，平均13.1千克

女孩

9.9~15.2千克，平均12.6千克

我的宝宝：______千克

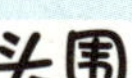

头围

男孩

46.2~51.4厘米，平均48.8厘米

女孩

45.3~50.1厘米，平均47.7厘米

我的宝宝：______厘米

胸围

男孩

46.2~54.2厘米，平均50.2厘米

女孩

45.1~53.1厘米，平均49.1厘米

我的宝宝：______厘米

囟门

大多数宝宝前囟门已闭合

我的宝宝：______

牙齿

已经长出18~20颗牙齿

我的宝宝：______

促进宝宝智能发育的营养方案

2岁半的宝宝，在开始逐渐适应正常的饮食后，父母要培养宝宝良好的咀嚼习惯。经过调查发现，过早地给宝宝太硬的食物会影响宝宝的咀嚼习惯，由于太硬的食物超过了宝宝的咀嚼能力，致使宝宝不咀嚼食物，直接就咽了下去，时间久了会养成宝宝不爱咀嚼食物的习惯。有些时候宝宝会迫不及待地往嘴里塞食物，不怎么咀嚼就下咽，因此需要父母耐心地教宝宝咀嚼食物，不能急躁。在给宝宝喂饭的时候，刻意拉长两口饭菜的间隔时间，让宝宝有充足的咀嚼时间。

现在的父母对于宝宝体重这一点上也认识到不是越重越好，都希望宝宝在合理的体重范围内保持健康的身体状况。对于一些已经超重的宝宝，父母应积极地采取行动帮助宝宝恢复正常体重。为了避免超重宝宝很快饥饿，在饮食中多进食一些热量低、体积大的蔬菜和水果的做法是正确的。但是，如果对蔬菜不加以选择，对宝宝进食量不加以控制，特别是采取勾芡烹调（使过多的油脂被蔬菜吸收）的方法，同样会使宝宝摄入过多热能，导致体重增加。

父母须知

语言智慧主要是指听、说、读、写的能力，表现为个人能够顺利而高效地利用语言描述事件、表达思想并与人交流的能力。这种智力在记者、编辑、作家、演讲家和政治领袖等人身上有比较突出的表现。表现在1～3岁宝宝身上则是：喜欢听各种声音，对声音比较敏感；喜欢模仿他人的声音和语言；喜欢讲话，词汇丰富；喜欢阅读各种图书；喜欢听故事和儿歌；喜欢拿笔涂涂写写。

语言智慧是一种“卓越的人类智力”，它是人类社会不可或缺的一种能力。一切信息的发送、获取都离不开符号、文字，一切关系的建立、维持都需要以语言为媒介。

语言智慧的形成多依赖于后天的教育和练习，所以从小开始注重对孩子语言智慧的培养是明智的。培养语言智慧的同时还能带动和促进其他智慧的发展，最终使幼儿得到全面发展。

左脑智能开发训练

语言智能

词语接龙

益智目标

提升宝宝词汇的丰富性，锻炼其语言的反应能力。

游戏步骤

1.告诉宝宝游戏规则。就是用前一个词的后一字做为下一词的前一字。如果宝宝还不能完全理解，要给予示范。

2.父母说一个词，引导宝宝接着末字再说一个词，如“上学—学校—校长—长大……”看看宝宝能说多长。

专家提示

许多游戏都可以用“接龙”的方式，如“故事接龙”：从前有一个猎人……等等。能提高宝宝游戏的兴趣，丰富宝宝的词汇，提升宝宝语言智能。

奇妙的口袋

益智目标

锻炼宝宝的语言表达能力，促进宝宝的大脑发育。

游戏步骤

1.准备一个小布口袋，或者是盒子一类的容器，布娃娃、小汽车、皮球、摇

铃、喇叭等玩具。家长把玩具都装在小布口袋里，然后向宝宝念儿歌：“奇妙的口袋东西多，让我先来摸一摸，摸一摸，摸出来看看是什么？”

2.家长摸出皮球，问宝宝：“这是什么？”待宝宝回答了“这是皮球”之后，家长再拍拍皮球，问宝宝：“我在做什么？”启发宝宝说出“你在拍皮球”。

3.家长给宝宝做出示范以后，让宝宝接着来摸，摸出来的玩具，要求宝宝说出是什么，然后再玩这个玩具，家长再问“你在做什么？”等问题，此游戏可以反复进行。

专家提示

通过游戏，让宝宝在活动中学会说主语、谓语以及完整的句子。口袋里的玩具可以变换。随着宝宝年龄的增长，还可以逐渐加深问话的难度，可以涉及实物的形状、用途、性质等。

小小故事家

益智目标

培养宝宝的语言表达与会话能力。

游戏步骤

1.准备宝宝喜欢的图画书、各种颜色的碎布块、马克笔、胶水、剪刀，以及黑板。

2.从图画书中选取要制作的角色，用碎布剪出这些角色的图案；再用马克笔画上角色的细节部分，如眼睛、嘴等。

3.妈妈和宝宝面对着黑板坐下，把做好的角色贴到板子上。妈妈可以用手拨动角色，使其形象更生动。

4.引导宝宝尝试说出这个故事。宝宝讲出来后，妈妈要赞扬宝宝。

专家提示

此游戏不仅能帮助宝宝提高语言表达能力，让宝宝参与到故事中，还能提高宝宝的会话能力，让宝宝的语言智能发育得更好。

数学逻辑智能

一星期有几天

益智目标

加强宝宝的数学观念。

游戏步骤

1.爸爸妈妈在纸张上编上星期一至星期日的文字，星期六、星期日可用星星表示。

2.从星期一醒来就给宝宝一张贴纸贴在第一格，并提醒宝宝今天星期一先贴第一张。

3.星期二贴第二张、星期三贴上第三张，依此类推，让宝宝有时间累加的感觉。

专家提示

时间变化也是数学观念之一，通过星期有7天的认识，让宝宝有时间前进的感觉，并可理解星期一至星期五爸爸妈妈要上班，假日才能放假的概念。到了假日就可以给予不同颜色或造型的贴纸，让宝宝感觉假日这两天不太一样。

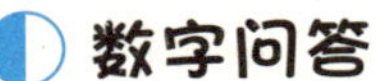

数字问答

益智目标

提高宝宝的计算能力，提升数学智能。

游戏步骤

1.父母向宝宝提出与1～5这几个数字有关的问题。

2.父母提问：“只有1个的东西是什么？”引导宝宝回答有太阳、月亮。

3.父母提问：“成双的东西是什么？”引导宝宝回答有筷子、袜子、鞋子。

4.父母提问：“有3的东西是什么？”引导宝宝回答有三角形、三轮车。

5.父母提问：“有许多的东西是什么？”引导宝宝回答有星星、人、小草……

专家提示

父母可以给宝宝提示，但尽可能让宝宝多回答，以锻炼他的计算能力，此外，还可以丰富宝宝的词汇，培养宝宝的思考力、观察力和想象力。

给物品找朋友

益智目标

培养宝宝的分类和排序能力。

游戏步骤

1.准备好可以搭配的物品。如袜子和鞋子；香皂和毛巾；锁和钥匙；纸和笔；牛奶和面包等，然后把准备好的可以搭配的物品随意地打乱放在宝宝面前。

2.让宝宝过来看看这些东西，妈妈拿出其中的一种东西，然后引导宝宝从桌上的东西中找出一种可以与它搭配的物品。

3.如果宝宝感到茫然，妈妈就给点提示，问宝宝：“怎样才能把锁打开？”“宝宝早上除了吃面包还吃了什么？”然后引导宝宝找钥匙、找牛奶。当宝宝找对了的时候，妈妈要夸奖宝宝。

专家提示

此游戏不仅能提高宝宝的辨别和分类能力，同时还能让宝宝感知事物之间的联系。

自然认知智能

大雪人，真神气

益智目标

让宝宝与大自然亲密接触，培养乐观的情绪。

游戏步骤

1.准备一些玩沙工具，还有石头、胡萝卜和一些松树枝。

2.在下雪的天气，带宝宝到户外，让宝宝用玩沙工具铲雪。妈妈滚一个大雪球作雪人的身体，再滚一个稍微小一点的雪球作雪人的脑袋。让宝宝找来石头，作雪人的眼睛，用胡萝卜作雪人的鼻子，再找一些松树枝作雪人的头发。

3.雪人堆好了，妈妈可以给宝宝与雪人拍照留念。

专家提示

多让宝宝与大自然亲密接触，可增强宝宝的想象力和动手能力，促进宝宝自然认知能力的发展，使宝宝的身体和心理潜能都得到良好的开发。

可以吃的冰

益智目标

增强宝宝对事物的感受能力。

游戏步骤

1.在水中掺进无毒的食用色素。

2.把水注入制冰盒，放进冰箱做成冰块。

3.将冰块放在盆里玩，在对话中运用颜色名称："请给我一块蓝色的冰块"或"请给你一块红色的冰块"。

4.用冰块堆积木。看它们融化会充满乐趣，并将引出很多话题。

5.还可以把果汁注入冰盒或冰棍儿器中，让宝宝体验自己制作食物的乐趣。

专家提示

通过游戏可以帮助宝宝认识水和冰的关系和变化，增强对外界事物的感受能力，从而提升宝宝的自然认知能力。

身体运动智能

倒蹬自行车

益智目标

锻炼宝宝腰部和腿部力量，增强身体协调性。

游戏步骤

1.家长和宝宝躺在床的两头。

2.家长指导宝宝抬起腿，让家长和宝宝的脚心相贴。

3.家长和宝宝一前一后地蹬腿，像骑自行车一样，一边蹬一边念儿歌："叮铃铃，叮铃铃，骑着车儿上北京。北京有个天安门，天安门上挂红灯。红灯亮，照四方，大家心里暖洋洋。"

专家提示

家长蹬的时候要注意和宝宝配合，注意间隔的休息。家长要根据宝宝的能力规定训练时间，切不可让宝宝腿部肌肉运动量过大，以免伤筋。

踢足球

益智目标

发展宝宝的肢体协调能力。

游戏步骤

1.爸爸站在一侧，双腿稍分开，胯下当作球门。

2.妈妈先拿着球，告诉宝宝训练规则。鼓励宝宝把球踢进"球门"。

3.让宝宝站在爸爸对面，距离为1米，启发宝宝将球踢进"球门"。

4.当宝宝的球进入了"球门"时，妈妈要欢呼，激起宝宝的兴趣。

专家提示

通过这个游戏，可以发展宝宝的腿部肌肉和身体平衡能力。如果宝宝一开始不明白的话，妈妈可以先做示范。如果宝宝采用推、滚等方法将球送入球门，也应鼓励。

上攀登架

益智目标

提高宝宝肢体的协调性。

游戏步骤

1.准备一个三层的儿童攀登架，每层之间距离约为12厘米。家中也可以利用废板材或三个高度相差10～12厘米的大纸箱，两面靠墙，制成攀登架。

2.把攀登架固定好后，父母引导宝宝先用上肢攀着上面的支架，再倒脚上架，攀到架子的顶上。妈妈要告诉宝宝攀登如何用力，如攀登时手脚要同时用力支撑体重，要利用胳膊的力量向上攀登。当宝宝攀登到顶上后，由妈妈帮助宝宝转身，再从上面攀爬下来。

3.宝宝能熟练攀爬后，妈妈可以和宝宝进行攀爬比赛，看谁先爬上去。

专家提示

宝宝在攀爬时，不知不觉就会用单一肢体支撑体重，或利用一个肢体的攀登使身体跳跃到某个高度，同时练习了如何保持身体的平衡，提高了肢体的协调性。

音乐智能

跟我这样做

益智目标

训练宝宝的节奏感。

游戏步骤

1.家长先与宝宝听一遍儿歌：请你跟我这样做，跟我这样做，我就跟你这样做，跟你这样做。

2.家长和宝宝可伴随音乐节奏做各种动作，如拍拍手、跺跺脚……

3.当宝宝对儿歌熟悉后，可跟宝宝边做边唱，家长唱1～2节，宝宝唱3～4节。

专家提示

此游戏可培养宝宝的音乐节奏感，提升宝宝的音乐感知能力，歌词的内容可根据动作而变动，家长的动作要从易到难，注意动作的节奏性。

人际智能

帮妈妈擦车

益智目标

培养宝宝乐于助人的优良品质。

游戏步骤

1.妈妈下班回来后，对宝宝说：“宝宝，妈妈车子脏了，帮妈妈一起擦一擦

车，给车洗洗澡吧。”

2.宝宝和妈妈一起擦车时，妈妈要告诉宝宝擦的每一个部位的名称，还可以同时给宝宝讲故事，或者带领宝宝一块儿唱歌，使宝宝在快乐中进行劳动。

3.擦完后，妈妈要对宝宝说：“谢谢！”并引导宝宝说：“不客气。”

专家提示

此类游戏能提高宝宝的人际交往能力、动手能力，同时会让宝宝变得乐于助人。妈妈也可以让宝宝帮忙做其他事情，但要在宝宝的能力范围之内。

内省智能

我是小医生

益智目标

帮助宝宝学习社会交往规则。

游戏步骤

1.妈妈要先准备好玩具针、药瓶等医用设备，然后和宝宝一起玩“打针”的游戏。

2.让宝宝扮演医生，爸爸扮演一位急诊病人，对宝宝说：“大夫，我肚子疼，快给我打一针吧。”

3.妈妈扮演一位普通病人，对宝宝说：“大夫，我有点感冒，鼻子不通气，给我打一针吧。”

4.进行角色互换，宝宝扮演病人，爸爸妈妈扮演医生。

专家提示

角色扮演游戏是宝宝成长过程中一项重要的活动，可以帮助宝宝提升交往智慧，进一步加强其自我意识，促进宝宝语言交流能力的发展。

学用筷子

益智目标

培养宝宝的生活自理能力，提高内省智能。

游戏步骤

1.父母可以先教宝宝学会拿筷子，教宝宝用拇指、食指、中指操纵第一根筷子，用中指和无名指控制第二根筷子。

2.让宝宝用玩具筷子练习夹起盘中带壳的花生、红枣和纸包的糖果等。

专家提示

父母平时应要求孩子独立用筷子夹菜和扒饭来吃。家长可以把宝宝要吃的菜先夹到一只小碗里，再让宝宝自己夹着吃。只要宝宝能将食物都吃完就应给予赞赏，不要怕饭菜撒在桌子上。

收拾玩具

益智目标

培养宝宝的生活自理能力。

游戏步骤

1.每次宝宝玩儿完玩具后，妈妈要引导宝宝自己将玩具收拾好。比如可以对宝宝说："天气晚啦，小鸭子要回窝睡觉啦，宝宝快送小鸭子回家。"宝宝听到这些话以后，就会主动将玩具放回玩具架上。

2.妈妈也可以让宝宝将玩具有序地排列在玩具架上，比如对宝宝说："小鸭子怎么能进小猪的家呢？小鸭子很不高兴哦，宝宝快让小鸭子回自己的家。"引导宝宝将玩具放回固定的地方。

专家提示

此游戏可让宝宝养成良好的生活习惯，提高宝宝的生活自理能力，为宝宝上幼儿园作准备。

空间智能

积木叠叠乐

益智目标

帮助宝宝建立空间概念。

游戏步骤

1.父母准备积木1～15个，并和宝宝轮流将积木叠高。

2.爸爸妈妈可以跟宝宝一起堆出高高低低不同高度的积木，并请宝宝说说看，哪个高，哪个矮，

3.让宝宝试着排出不同的图形，如三角形，正方形、梯形等。

专家提示

这是一个形状与比较的游戏，对于宝宝空间概念的建立有很多的帮助，同时也是一个由堆高及推倒的训练，可强化宝宝对肌肉的控制力，对宝宝而言是一个多元的刺激。父母注意要时时对宝宝进行启发。

认识上下

益智目标

提高宝宝的空间认知能力。

游戏步骤

1.父母问宝宝："被子盖在哪里？""褥子铺在哪里？"

2.等宝宝回答了之后，父母告诉宝宝："被子盖在你身体的上面，就是'上'；褥子铺在你身体的下面，就是'下'了。"

专家提示

宝宝对方位的掌握需要一定的时间，父母不要操之过急。家长经常告诉宝宝"上下前后"，宝宝会逐渐懂得这些词的具体方位。

拼插和摆放积木

益智目标

促进宝宝空间知觉的发展。

游戏步骤

1.家长拿出积木，让宝宝仔细观察盒内积木的摆放方式。

2.让宝宝将积木倒出来打乱后按原样摆好。家长和宝宝一起谈论每块积木应放的位置、放得对不对等。

3.再次打乱积木，让宝宝尝试用别的摆放方式，看看是否也能摆好。

专家提示

在日常生活中，家长可利用各种机会帮助宝宝了解事物的空间关系，例如，用空瓶子装沙子、倒沙子，把书柜收拾整齐，把玩具按合理的方式收放在盒子里或柜子里，玩各种拼插和拼板游戏，等等。

说方位词

益智目标

帮助宝宝学习判断空间方位。

游戏步骤

1.妈妈将门打开，宝宝站在门里，妈妈站在门外。然后告诉宝宝："妈妈站在门外，宝宝站在门里面。"

2.吃饭时，宝宝用左手拿碗，妈妈也可以问问宝宝："宝宝拿碗的手是左手还是右手？"如果宝宝回答对了，妈妈要给予赞赏；如果回答错了，妈妈要及时纠正。

3.吃完饭，让宝宝站在妈妈后面，妈

妈向前走，让宝宝在后面也跟着走。走的时候告诉宝宝："妈妈在宝宝的前面，宝宝在妈妈的后面。"引导宝宝理解前后概念。

专家提示

如果宝宝经常参与这样的游戏，那么这些方位词就都能很快理解。这样不仅能丰富宝宝的词汇量，还能帮助宝宝学习判断空间方位。

前后之分

益智目标

帮助宝宝认识方位概念。

游戏步骤

1.选一个晴朗的日子，爸爸、妈妈和宝宝到户外去玩。

2.爸爸可以有意识地走到妈妈和宝宝前面，妈妈告诉宝宝："宝宝看，妈妈走在我们前面了"。

3.妈妈带领宝宝快步走，赶超爸爸，然后妈妈可以对宝宝说："爸爸落在了我和宝宝后面"。

4.还可以让宝宝听指令站立，妈妈："请你站在妈妈前面。"宝宝就迅速地跑到妈妈前面，"请你站在妈妈后面。"宝宝就迅速跑到妈妈后面。

专家提示

通过这个游戏，可以进一步教宝宝认识方位概念，训练宝宝的方位认知能力，正确认识并区分方位名词前、后。

生长发育智能测评

1 分清楚5个手指头和手心手背：（以10分为合格）

A.7处正确(12分)

B.5处正确(10分)

C.4处正确(8分)

D.3处正确(6分)

E.2处正确(4分)

2 说出水果名称：（以10分为合格）

A.6种(12分)

B.5种(10分)

C.4种(8分)

D.3种(6分)

3 会写数字1(道道)2(鸭子)3(耳朵)汉字(横道一、二、三、八、人、大等)：（以10分为合格）

A.3个(12分)

B.2个(10分)

C.1个(6分)

D.全都写得不像(4分)

4 会把瓶中的水倒入碗内：（以5分为合格）

A.不洒漏(6分)

B.少洒漏(5分)

C.洒一半(3分)

D.全洒(0分)

5 说出自己的姓和名、妈妈的姓名、自己的小名：（以10分为合格）

A.对3种(12分)

B.对2种(10分)

C.对1种(6分)

6 背儿歌：（以10分为合格）

A.2首(12分)

B.1首背完整(10分)

C.1首不完整(8分)

D.背押韵的字(4分)

7 问“这是谁的鞋？”答：（以10分为合格）

A.“我的”(10分)

B.宝宝(小名)的(8分)

C.拍自己(4分)

8 知道故事中谁是好人谁是坏人：（以12分为合格）

A.讲对两种(12分)

B.讲对1种(10分)

C.会指图中的好人和坏人(8分)

D.乱指(4分)

9 穿上袜子(不拉后跟)，穿上鞋(不分左右)：（以10分为合格）

A.两种(10分)

B.1种(5分)会拉袜子后跟(加5分)

C.分清鞋的左右(又加5分)

10 会脱松紧带裤子坐便盆：（以8分为合格）

A.及时脱下(10分)

B.会扒开裤裆(8分)

C.不及时脱下(6分)

D.叫大人帮助(4分)

11 单脚站立：（以5分为合格）

A.3秒(6分)

B.2秒(5分)

C.要扶物扶人(2分)

结果分析

1、2题测认知能力，应得20分；3、4题测手的灵巧，应得15分；5、6、7题测语言能力，应得30分；8题测社交能力，应得12分；9、10题测自理能力，应得18分；11题测运动能力，应得5分，共计可得100分。总分在80～100分之间为正常，90分以上为优秀，60分以下为暂时落后。哪道题在及格以下，可先复习上月相应试题，通过后再练习本月的试题。哪道题在A以上，可跨越练习下月同组的试题，使优点更加突出。

第10章

第31～32个月

宝宝左脑右脑智能开发

宝宝体能智能发育状况

本月训练要点

1.学习接听电话，并向父母汇报电话里所说的内容。

2.能完整地讲简单的故事。

3.练习骑自行车。

宝宝左脑右脑智能发展参考水平

左脑

语言智能： 在接听电话后，能把听到的内容传达给大人

数学逻辑智能： 能听数字并比较熟练地拨电话号码

自然认知智能： 喜欢观察植物的发芽过程

右脑

身体运动智能： 能在大人的帮助下学骑脚踏三轮车

音乐智能： 能在听几遍歌曲后，学会唱一些歌曲

人际智能： 在伙伴中有兴趣相投的朋友，懂得感谢

内省智能： 会自己解衣服扣和系简单的扣子

空间智能： 能在家长的引导下折纸

宝宝体格发育参考标准

身长

男孩

85.4～100.2厘米，平均92.8厘米

女孩

84.3～98.7厘米，平均91.5厘米

我的宝宝：______厘米

体重

男孩

10.6～16.2千克，平均13.4千克

女孩

10.1～15.6千克，平均12.9千克

我的宝宝：______千克

头围

男孩

46.3～51.5厘米，平均48.9厘米

女孩

45.4～50.2厘米，平均47.8厘米

我的宝宝：______厘米

胸围

男孩

46.4～54.4厘米，平均50.4厘米

女孩

45.3～53.3厘米，平均49.3厘米

我的宝宝：______厘米

囟门

大多数宝宝前囟门已闭合

我的宝宝：______

牙齿

已经长出18～20颗牙齿

我的宝宝：______

促进宝宝智能发育的营养方案

这个阶段宝宝的智能营养方案仍以合理的饮食结构与科学的喂养方式为主要内容。宝宝所需的各种营养素都是由食物供给的，食物是保证合理营养的物质基础。每种食物所含的营养素均不同，没有任何一种天然食物能包含机体所需要的全部营养素。因此，只有保证宝宝摄取品种多样的饮食，使热量和各种营养素数量充足，比例适当，才能保证宝宝的健康。

宝宝正常生长发育所需要的营养素有七大类：蛋白质、脂肪、糖、矿物质、维生素、水和纤维素。这些东西缺一不可，少了谁都会出问题，例如，缺少脂肪会影响大脑和视力的发育，缺了维生素D会妨碍钙的吸收而造成佝偻病等。营养靠吃不靠补，要给宝宝提供多种多样的食物，从各种食物的搭配组合中调整营养的均衡，这是科学喂养的根本。只有在特殊情况下，食物中暂时供给不足时，才可以用少量的营养剂作为补充，而且每种营养剂补多少，要根据宝宝的具体情况综合分析，父母切忌本末倒置，随意给宝宝进补。乱补营养会扰乱宝宝进食的规律，破坏宝宝的选择能力，长期下去很容易造成营养失衡，有害无益。

父母须知

音乐智能的开发宜早不宜迟：

0~2岁：主要是培养宝宝对音乐的感知力和领悟力。尤其是让孩子多听优美的音乐，并可借机观察他是不是有音乐方面的天赋，或他对音乐有没有兴趣。

2~3岁：宝宝听到音乐可能会不由自主地随着音乐手舞足蹈，这时要特别培养孩子的节奏感，给他听的音乐可以是节奏性比较强的，同时，还要注意宝宝是不是可以准确地跟着音乐节奏翩翩起舞。

3~4岁：这段时间可以让孩子从单纯节奏练习向旋律、音准方面过渡，并可以让他配合乐曲接触乐谱。学习电子琴是这一时期不错的选择。

4~6岁：这段时间是开发孩子音乐智能最关键的一个契机，现在可以让宝宝学习一些实际的音乐技能了，比如钢琴、小提琴、扬琴、古筝、二胡等乐器的演奏。

左脑智能开发训练

语言智能

一个瓜

益智目标

培养宝宝发音的准确性，提升宝宝的语言能力。

游戏步骤

1.父母一字一句地教宝宝读儿歌：

金瓜瓜，银瓜瓜，瓜棚里面结瓜瓜。

瓜瓜落下来，打着小娃娃。

娃娃叫妈妈，妈妈叫娃娃，

娃娃怪瓜瓜，瓜瓜笑娃娃。

2.让宝宝准确地分辨清“瓜”、“娃”、“妈”的发音，再熟读这首儿歌。

3.让宝宝一字一句地背诵这首儿歌。

4.让宝宝用比较快的速度把这首儿歌背诵出来，越快越好。

专家提示

在游戏过程中，家长要随时纠正宝宝出现的错误，及时纠正发错的音和混淆的发音。

童谣创作

益智目标

提升宝宝的语言表达能力。

游戏步骤

1.在游戏前，爸爸妈妈可以跟宝宝分

享一些童谣或是童诗，并请宝宝为自己的童谣想一个主题，如下雨天。

2.鼓励宝宝想一想，和雨天相关的事情，如大雨、小雨、青蛙叫、呱呱声等。

3.协助宝宝将所联想的事物联结起来，并大声朗诵出来。这样就完成了一个属于宝宝自创的童谣了。

专家提示

童谣没有一定的形式或长短，因此不要给宝宝定规则，以免让宝宝产生挫折感。当宝宝完成作品时，不管做得怎么样，父母一定要记得即刻给予最大的赞美及鼓励，以提高宝宝的自信心。

数学逻辑智能

走几步，跳几步

益智目标

培养宝宝的数学兴趣，提升宝宝的数学能力。

游戏步骤

1.家长带着宝宝，先从2～3之内变化做起，一边走一边说："走两步，跳两步。"

2.宝宝照做了之后，家长再说："走两步，跳三步。"

3.等宝宝熟练了之后，可以逐步做4以内的变化。

专家提示

此游戏可以让宝宝在接受指令和和作出回应等方面得到训练，在游戏中认识数学。如果是在室内的话，还可以放些音乐，培养宝宝的节奏感。

给数字卡发糖果

益智目标

训练宝宝给数字排列顺序并了解数与量之间的关系的能力。

游戏步骤

1.准备好1～10的数字卡片，以及一些糖果。

2.妈妈向宝宝出示1～10的数字卡片，引导宝宝读出卡片上的数字，和宝宝一起按顺序把数字卡片排成一排。

3.引导宝宝给数字卡片发糖果，数字是几就发几个糖果。

4.要让宝宝介绍自己的操作，操作正确妈妈要及时表扬。

此游戏可以提高宝宝按数字发放相等数量物品的能力，从而体会到数与量之间的关系。

拨电话

益智目标

提升宝宝的数学智能。

游戏步骤

1.给宝宝准备一个玩具电话，先让宝宝学拨第一排的1、2、3，多练习几次，直到熟练为止。

2.学习拨第二排数字4、5、6，待第二排数字也熟悉后，再与第一排数字一起练习拨。

3.前两排都拨熟练后，再练习拨第三排的7、8、9。宝宝都练习熟练后，妈妈可念数让宝宝拨号，宝宝拨对后再反过来让宝宝念数妈妈拨号。

专家提示

此游戏是听觉、视觉和手部感觉的综合练习，宝宝必须注意听才能学会，也需要看准号码才能拨对。

自然认知智能

草木大体验

益智目标

提高宝宝的自然感知能力。

游戏步骤

1.父母带宝宝到有花草树木的地方，让宝宝用手去触摸树叶、树干、树枝、花朵、草、石头、细沙等。

2.父母带着宝宝一边摸，一边缓慢而且清楚地告诉宝宝现在摸的是什么东西，一再重复也没有关系，让宝宝不仅看到、摸到，还要了解那是什么东西。

专家提示

宝宝注意力集中的时间有限，不宜急躁地灌输给宝宝一大堆东西，否则效果会大打折扣。父母要细心注意宝宝的反应，多给一些正面的响应；同时掌握宝宝的态度与兴趣，了解宝宝吸收的程度，不断给他参与的机会。父母跟宝宝说话，要慢慢地、清楚地说，而且语调要温柔，让宝宝能够很容易接受父母要表达的意思，进而做出反应。

向日葵

益智目标

培养宝宝对大自然中植物的兴趣。

游戏步骤

1.妈妈可以先给宝宝看一些有关向日葵的图片或照片。有条件的家庭也可以在自家院子里种几棵向日葵。

2.妈妈也可以给宝宝讲讲有关向日葵的小故事，如它为什么叫向日葵？向日葵的种子是什么样子的？然后妈妈可以让宝宝照着图片给向日葵画上种子。

3.有能力的宝宝可试着用棉签在上面点一点。

专家提示

在规定的网格内点上向日葵的种子，不仅能锻炼宝宝控制手部肌肉的能力，还能使他们的手指更加灵活。

用树叶拼图

益智目标

丰富宝宝的想象力。

游戏步骤

1.准备好一支水彩笔、一瓶胶水和几张白纸；天气较好时，带宝宝到大树下捡些树叶，让宝宝将树叶收集好后，带回家。

2.妈妈把树叶洗干净并晾干，让宝宝说一说树叶的颜色和形状，然后按住树叶，让宝宝用水彩笔把每片树叶的轮廓描出来。

3.给宝宝一瓶胶水，让宝宝发挥想象力将树叶拼成一幅图。妈妈还可以把宝宝的画挂在墙上，让宝宝有成就感。

专家提示

此游戏能让宝宝接触更多事物的色彩、形状，丰富宝宝对色彩和图形的感觉，还能锻炼宝宝的握笔能力和手眼协调能力，发挥宝宝的想象力。

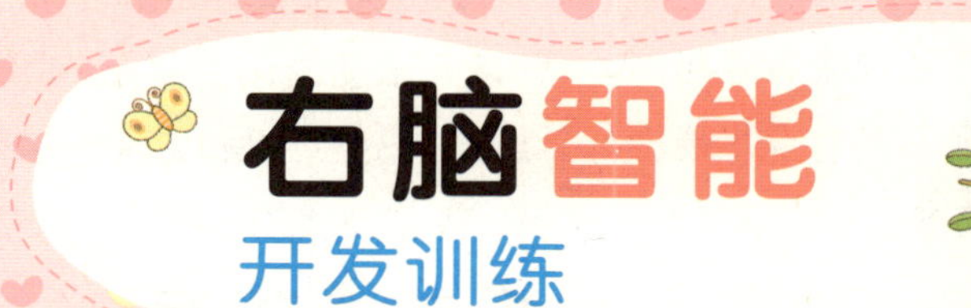

右脑智能开发训练

身体运动智能

推小车

益智目标

提高宝宝的肢体协调能力。

游戏步骤

1.让宝宝趴在软垫上，双手撑地，父母每人抓住宝宝的一条腿，使宝宝两腿向上呈倒立。

2.宝宝两手交替前行，父母随其后同步前行，父母边推边说：“我们来推小车啦，1——2——1……”注意3人速度保持一致。

专家提示

此游戏可训练宝宝的上肢力量和平衡感。游戏时也可以一人双手抓住宝宝的双腿进行此游戏。游戏时，为安全起见可以让宝宝戴上手套。

兔子跳圈

益智目标

提升宝宝的身体运动能力。

游戏步骤

1.准备一个小兔子头饰，在院子里用粉笔画一个圈作为兔子的家。

2.让宝宝离开圈2米。

3.让宝宝头带小兔子头饰或者竖起两个手指放在头上代表兔子耳朵，双足离地跳跃，用双脚跳到兔子的家。

专家提示

此游戏可练习宝宝双脚离地连续跳的能力。2岁半以上的宝宝一般可以连续跳2米，注意游戏时跳的距离不宜太长，以免宝宝疲劳。

跨越地雷

益智目标

培养宝宝跨越走的动作，以及锻炼腿部的大肌肉。

游戏步骤

1.准备一份旧报纸，剪出几个比脚掌稍大些的圆纸片。

2.妈妈把圆纸片放置在地上，每张圆纸片相距一小步的距离。妈妈要告诉宝宝把这些纸片当做地雷，试着让宝宝练习跨越行走。妈妈告诉宝宝，行走时不要跳跃，一次只能用一只脚踏在地面上，另一只脚应提起来，两只脚交叉走。妈妈也可以做一下示范。如果宝宝在行走时，有一只脚踏上了或手碰到了“地雷”，妈妈就要告诉宝宝“地雷爆炸”了，这时宝宝就会被淘汰出局。

3.如果宝宝走得非常好，妈妈可以增加点儿难度，让宝宝头上顶一本书，再继续走。妈妈可以和宝宝一起来走，进行比赛，增加游戏的竞赛性，更有趣味。

专家提示

通过这个游戏，不仅能让宝宝的身体协调能力和平衡能力得到提高，而且还能培养宝宝的规则意识。

倒水

益智目标

锻炼宝宝手部肌肉的控制力。

游戏步骤

1.准备好几个无手柄的塑料杯。妈妈在一个杯子里倒入1／3的凉水，然后倒入另一个杯子里，来回倒一次。

2.让宝宝模仿妈妈的做法来回倒水。让宝宝把几个杯子同时倒入一些水，然后看哪个杯里的水多。

3.引导宝宝把水多杯中的水倒入水少的杯中，直到所有杯中的水一样多。

专家提示

精细动作的发展必须依靠上肢肌肉的控制，视觉、眼球的控制以及头部躯干直立姿势的维持，游戏可以提高宝宝做精细动作的能力。

音乐智能

高音和低音

益智目标

锻炼宝宝分辨音调的高低。

游戏步骤

1.妈妈唱一首歌曲，妈妈唱一个高音节，让宝宝说出是高音，并引导宝宝踮起脚跟双手上举，做出长高的样子。

2.妈妈唱一个低音节，让宝宝说出是低音，并引导宝宝做出下蹲的样子。

3.妈妈为宝宝放一段高低明显的、节奏缓慢的音乐，让宝宝随着音调的高低变化，做出踮脚或下蹲的样子。

专家提示

此游戏不仅能引导宝宝分辨高音、低音，培养宝宝对音乐的兴趣，同时还能锻炼宝宝的听力。家长要和宝宝经常做此类的游戏，以提高宝宝的音乐智能。

伴着节奏拍手

益智目标

锻炼宝宝的听觉能力。

游戏步骤

1.妈妈让宝宝先学拍手，妈妈连拍3下停1秒钟，再让宝宝也按照这样的方式拍手。

2.妈妈再连续拍4次，让宝宝也照样连着拍。

3.宝宝学会后，用录音机放一段节奏明显的音乐，让宝宝跟着节奏拍手，看看宝宝是否拍对了。如果不对，妈妈也不要责怪宝宝，不要挫伤宝宝的积极性。如果拍对节奏了，可以再让宝宝试一段节奏不太明显的抒情乐曲，让宝宝再拍手分辨节奏。

专家提示

在游戏时，通过让宝宝听不同的音阶，既能丰富宝宝的音乐才能，又能锻炼听力的敏锐性。

人际智能

大家一起做

益智目标

提升宝宝的人际交往能力。

游戏步骤

1.安排宝宝和年龄相似的宝宝玩团体游戏。

2.鼓励团体活动，并提供给宝宝足够

多的玩具。

3.安排需要两个人合作的活动，如互相滚球、过家家等。

4.将一块硬纸板架在书上造一斜面，指导宝宝从高处轻推玩具卡车，使它滚到下面，让一个宝宝推车另一个去接，然后变换位置。

5.让两个宝宝彼此相距1米左右坐着，要他们一来一往地推球或是推玩具车，若他们做得好则予以称赞。

专家提示

通过安排宝宝和同龄宝宝一起玩团体训练，培养宝宝的合作交往能力。

谢谢你，不客气

益智目标

培养宝宝与人为善、彼此关怀的情感。

游戏步骤

1.爸爸、妈妈、爷爷和宝宝一起玩坐公交车的游戏。妈妈带着宝宝上公交车，爸爸扮作车上的乘客，这时车上没有座位了。

2.爸爸看见妈妈抱着宝宝上车以后，就要从座位上站起来说：“你们坐这里吧。”妈妈要引导宝宝说：“谢谢您！”爸爸说：“不客气。”

3.下一站爷爷上车了，宝宝自己单独坐了一个座位。这时妈妈要引导宝宝站起来让座位说：“老爷爷您坐这里吧。”爷爷说：“谢谢小朋友。”引导宝宝说：“不客气。”

专家提示

此类游戏能帮助宝宝学会感激，以培养宝宝与人为善、乐于助人、彼此关怀的情感，锻炼与人友好交往的能力。

内省智能

小小灭火员

益智目标

训练宝宝的自我保护能力。

游戏步骤

1.准备一支蜡烛、一盒火柴、一碗水和一桶水。

2.游戏在户外进行，妈妈点燃一支蜡烛给宝宝，可以把蜡烛埋在土里一截，这样不会烧到别的东西。妈妈对宝宝说：“宝宝快来，把火柴点燃了。”宝宝点燃后妈妈吹灭。宝宝再次点燃火柴，要用自己的嘴吹灭。宝宝在蜡烛上慢慢地点燃拿着的火柴，然后扔进盛水的碗里。

3.在宝宝掌握这些玩法后，就可以和妈妈进行一次比赛了。妈妈和宝宝在一分钟之内点燃尽可能多的火柴，并把它们吹灭。最后，数一数一共点燃了多少根火柴，是妈妈的多，还是宝宝的多。

专家提示

宝宝以后可能会遇到各种危险，这就要从小锻炼宝宝的生活自救能力。游戏可以提高宝宝的自我保护能力，而且能让宝宝认识到水可以灭火这样的自然常识。游戏时，妈妈要注意宝宝的安全。

宝宝学刷牙

益智目标

帮助宝宝学会自己刷牙，提高生活自理能力。

游戏步骤

1.给宝宝准备一个儿童牙刷，引导宝宝自己用牙刷刷牙，先从上到下，再从下到上，同时要照顾到里面和外面。

2.注意给宝宝用牙膏时，要提醒宝宝不要吞咽牙膏，或者等到宝宝完全掌握了刷牙方法后再用牙膏。

3.为了鼓励宝宝自己刷牙，可以和宝宝一起学唱儿歌：

小牙刷，手中拿，张开我的小嘴巴。
上面牙齿往下刷，下面牙齿往上刷，
左刷刷，右刷刷，里里外外都刷刷。
早晨刷，晚上刷，刷得干净没蛀牙。
刷完牙齿笑哈哈，露出我的小白牙。

4.还可陆续学习洗手、洗脸、梳头等。

专家提示

接近3岁的宝宝什么都想自己动手，会显得很能干，爸爸妈妈可以引导宝宝自己动手照顾自己，帮助宝宝养成良好的卫生和生活习惯。

空间智能

转转转

益智目标

提高宝宝的空间认知能力。

游戏步骤

1.用硬纸板剪些空心的长方形、扇形、梯形等各种形状的纸环。

2.让宝宝在棍子上套上一个纸环，让它围绕着棍子转，对每个纸环都指导宝宝这样做。

3.让宝宝去发现哪种形状的纸环最容易转起来。

专家提示

通过这个游戏，可以提高宝宝的形态认知能力。家长指导宝宝转的时候要注意力度，不要把纸板转出来。

折猫咪

益智目标

培养宝宝的空间智能。

游戏步骤

1.准备各种颜色的正方形纸，然后妈妈教宝宝将正方形的纸对折，折成三角形。

2.再将三角形两边的锐角向下折成猫耳朵，再将下面的角向上折，然后把纸反过来，用笔画上眼睛、鼻子、嘴巴，就是一只可爱的猫咪了。折的时候要提醒宝宝将角对齐，线压平。

专家提示

折纸对宝宝来说能发展小肌肉运动。此时宝宝对一些基本形状、上下等空间方位有了一定的认识，因此能进一步培养宝宝的空间智能。

第11章

第33～34个月

宝宝左脑右脑智能开发

宝宝体能智能发育状况

本月训练要点

1.会唱简单的儿歌，能理解故事的内涵。

2.认识性别。

3.训练自己入厕，会用手纸。

宝宝左脑右脑智能发展参考水平

左脑

语言智能： 能进行简单的词语接龙游戏

数学逻辑智能： 通过游戏能知道数字排序代表数的大小

自然认知智能： 会摆放餐具，会使用手纸

右脑

身体运动智能： 能比较顺利地玩击鼓传球的游戏

音乐智能： 能通过听快速分辨出物体中的不同类者

人际智能： 知道人生病了应该去看望，并会使用一些礼貌用语

内省智能： 知道自己的性别

空间智能： 会画直角。能在家人的帮助下认识简单的菱形，能画出从家到附近熟悉地方的路线图

宝宝体格发育参考标准

身长

男孩

86.5～101.3厘米，平均93.9厘米

女孩

85.5～99.9厘米，平均92.7厘米

我的宝宝：______厘米

体重

男孩

10.8～16.6千克，平均13.7千克

女孩

10.4～16.0千克，平均13.2千克

我的宝宝：______千克

头围

男孩

46.4～51.6厘米，平均49.0厘米

女孩

45.5～50.3厘米，平均47.9厘米

我的宝宝：______厘米

胸围

男孩

46.6～54.6厘米，平均50.6厘米

女孩

45.5～53.5厘米，平均49.5厘米

我的宝宝：______厘米

囟门

大多数宝宝前囟门已闭合

我的宝宝：______

牙齿

已经长出18～20颗牙齿

我的宝宝：______

促进宝宝智能发育的营养方案

常有人说，吃零食会影响正餐，提供的营养也不全面，因此告诫宝宝们不要吃零食。但研究证明，零食并非一无是处。

在宝宝的饮食结构中，零食扮演着不可替代的角色。它能够补充一些身体必需的营养素，尤其是矿物质、微量元素和多种维生素。同时，还能从零食中获得全天所需能量的20%左右。这样吃零食，反而有利于膳食平衡。

给宝宝选择零食要选择富有营养的食品作为零食，如牛奶、酸奶、水果、蛋糕、肉松、牛肉干等。各种薯片、话梅干、果冻等食品营养价值比较低，不宜长期作儿童的零食。

最好在上午九、十点钟和下午三、四点钟给宝宝零食，因为这两个时间段离正餐时间还有2个小时，所以不会影响正餐进食的情况。

父母须知

3岁的孩子处于行为敏感期，家长要抓住这个重要时机根据孩子的发展阶段，多让孩子动手做事。让孩子多动手可以锻炼孩子的大动作和精细动作，促进孩子运动能力和智力的发展。

1.让孩子在日常生活中学会自我服务，自己的事情自己做。孩子此时手、脚协调能力还不完善，做起事来常常“笨手笨脚”，但家长千万别因嫌孩子麻烦或碍手碍脚而剥夺孩子学习劳动的机会。

2.让孩子在日常生活中学会为他人服务。家庭是一个集体，孩子是家庭的一员，家长要引导孩子为家庭服务，为家庭做些事情。如扫地、擦桌子、洗碗筷、收拾书房等。

3.及时称赞。当孩子努力去做了，或做得很好时，家长要立即予以称赞和鼓励，以调动孩子的积极性，强化孩子的这种行为，但家长的赞赏应着重控制在言语和态度上，尽量少用买玩具、买东西吃等方式鼓励。

语言智能

当裁判找错误

益智目标

提升宝宝的语言智能。

游戏步骤

1.家长对宝宝说："我说的每句话都有不对的地方，你来帮我听一听，把错的地方帮我指出来。"

2.宝宝指出一个错误，可以用小棒子弹一下爸爸（妈妈）的脑门。反之，爸爸（妈妈）弹一下宝宝的脑门。

3.当宝宝指出错误时，再让其说出正确的表达方式。

专家提示

通过这个游戏，不仅可以提高宝宝听话的理解能力和专注力，还可以训练宝宝的分析、判断能力，丰富宝宝的语言。

买水果

益智目标

提高宝宝的语言表达能力。

游戏步骤

1.家长将提前准备好的一些玩具水果或水果卡片放在桌面上，让宝宝提个小篮子或小口袋来买水果。

2.家长先让宝宝说出水果名称，说对了就可以把这种水果放到篮子里，说得不

对就买不到，看宝宝是否能把桌子上的水果全买去。

3.如果剩下几种水果宝宝认不出来，家长就可以当场教宝宝，直到宝宝学会后把所有的水果都买去。

4.家长故意说错1～2种水果名称，看看宝宝是否听得出来，能否及时做出纠正。

专家提示

这种角色扮演的游戏，可以提高宝宝的积极性。水果的种类也要不断变换，以保持宝宝的兴趣。当宝宝买对了水果的种类时，家长要记得及时给予鼓励。

数学逻辑智能

比一比，看一看

益智目标

促进宝宝数学能力的提高。

游戏步骤

1.家长把玩具小汽车和小动物堆放在地上，和宝宝一起玩“动物乘车”的游戏。

2.家长向宝宝提出要求：“让每个小动物乘坐一辆车。”

3.宝宝完成要求后，家长让宝宝比一比小汽车和小动物哪个多，哪个少？

4.宝宝回答正确后，家长要让宝宝说明理由。

专家提示

“多”与“少”的概念是形成宝宝数学概念的基础，家长可以利用日常生活中的许多用品和用具进行“多”与“少”的训练，经过反复训练，宝宝才能形成“多”与“少”的概念。

投信员

益智目标

丰富宝宝的数学智能。

游戏步骤

1.准备几个空盒子，在上面贴上数字，如6和9、3和8、2和5、1和7，当信箱，摆放在房门外。

2.妈妈在纸卡上写几个宝宝经常混淆的数字当信。妈妈坐在房间中间当邮局管理者，宝宝扮演送信的邮递员。

3.妈妈让宝宝从邮局取一封信正确地投入到信箱内，如果宝宝投错，妈妈应让宝宝再重投，直到宝宝投递正确。

专家提示

此游戏不像单纯的认数那样枯燥，能够引起宝宝的兴趣。帮助宝宝分清一些容易混淆的数字，让宝宝能更清楚地认识数字，丰富宝宝的数学智能。

自然认知智能

触觉盒

益智目标

增加宝宝的触觉敏感度，提高宝宝的自然认知能力。

游戏步骤

1.准备一个鞋盒、一块丝绸、一个棋盘和一只小豆袋等。在鞋盒的顶端开一个大小能插进小宝宝手的洞，再往盒子里放入不同的物品，一次一个。

2.在盒子外准备与盒内相同的物品。让宝宝伸手到盒内去触摸这些物品，注意不要让宝宝把盒内的物品拿出来。

3.让宝宝从盒外的物品中挑选出与盒内相同的物品。

4.打开鞋盒，看宝宝是否选对。

专家提示

透过不同物品的刺激，增加宝宝的触觉敏感度，同时提高宝宝的自然能力。这样的触觉刺激对于宝宝锻炼精细动作技能，促进动作智能的发展，增强记忆力，有很大的作用。注意鞋盒里放的物品在质地上要有所区别。

身体运动智能

画画走走

益智目标

培养宝宝的身体平衡能力。

游戏步骤

1.父母用粉笔在地上画个大圆圈或者椭圆的圈。

2.让宝宝沿着这条线行走，精确地在画线上将一只脚放在另一只脚的前面，直到宝宝可以很好地掌握平衡。

3.鼓励宝宝端着一杯水走，并且不要让水溅出来，或是身上带着铃铛，不让铃铛发出声音。

专家提示

父母也可以让宝宝自己操纵着一个带轮子的小玩具跑来跑去，从而帮助宝宝掌握平衡。

花样串珠比赛

益智目标

提升宝宝的肢体协调能力。

游戏步骤

1.随着宝宝手的技巧的进步，爸爸妈妈和宝宝可以进行串珠子比赛。

2.爸爸妈妈有时要故意串得慢一点，让宝宝取胜。

3.经过几次练习以后，可以用分钟计算，看看宝宝在月初每分钟串几个，月中每分钟串几个，月末时每分钟串几个。

专家提示

此游戏可以锻炼宝宝手的小肌肉动作和手眼协调能力。除了速度之外，串珠子还可以按颜色、形状、大小来做间隔。

音乐智能

换歌词

益智目标

提高宝宝的音乐智能。

游戏步骤

1.妈妈同宝宝一起唱一首宝宝熟悉的歌曲。当妈妈唱到一个词时，用另一个词替换掉，并引导宝宝改掉下一句的一个歌词。比如将“小山羊想妈妈”改为“小鸭子想妈妈”。那么下句可以由宝宝来改，比如引导宝宝将“咩咩咩找妈妈”改为“嘎嘎嘎找妈妈”。

2.宝宝觉得好玩，就会自己想一个词来替换一首歌中的一个词，然后妈妈再引导宝宝替换掉整句歌词。

专家提示

这个游戏可以锻炼让宝宝按着歌曲的节拍来自己编歌词的能力，既能丰富宝宝的语言智慧，又能提高听觉智能。

人际智能

今天我请客

益智目标

开发宝宝的想象和创造能力，提高人际关系智能。

游戏步骤

1.先告诉宝宝游戏的玩法，分配好角色。宝宝代布娃娃说话，妈妈代玩具小兔说话，爸爸代玩具小鸭说话。妈妈把屋子一角布置成娃娃家，娃娃坐在家中。

2.妈妈说：“今天娃娃请来了她的好朋友，有小兔、小鸡、小鸭。它们一路上高兴地唱着歌：‘小兔、小鸡和小鸭子，一同来到娃娃家，娃娃，娃娃请开门！’你的朋友们都来啦。”随即，妈妈做敲门的声音。

3.宝宝问："你们是哪位好朋友呀？"妈妈回答："我是小兔。""小兔子快请进来！"小兔子进来了，送给娃娃一辆玩具车。"我是小鸡。""小鸡快请进来！"它送给娃娃一条毛巾。

4.宝宝抱着布娃娃客气地说："朋友们不要客气，欢迎欢迎。"在房间里玩一会，小兔、小鸡告别，宝宝说："欢迎再来，再见！再见！"

专家提示

妈妈要耐心地引导宝宝学会说礼貌用语，并教会宝宝在与其他人交往中要懂礼貌。

看望生病的小熊

益智目标

让宝宝学会关心他人。

游戏步骤

1.妈妈将小熊放在宝宝的床上，然后对宝宝说："小熊生病了，宝宝应该去看望一下它吧？"

2.妈妈可以再示意宝宝："去看望病人，我们应该给它带点什么呢？"然后引导宝宝是不是要给小熊带点水果或者好吃的。

专家提示

此游戏通过妈妈与宝宝的互动，可以让宝宝初步了解看望病人的方式，学会相关的礼貌礼仪，从而能与他人和睦相处。

内省智能

认识性别

益智目标

帮助宝宝认识自己的性别。

游戏步骤

1.准备一些画有男孩、女孩的图片。让宝宝辨认图中谁是女孩，谁是男孩，谁是弟弟，谁是哥哥，谁是妹妹，谁是姐姐。让宝宝说一说男孩和女孩在头发、衣着、身体特征等方面的不同。让宝宝说说自己和图中的哥哥或姐姐有哪些方面是一样的，说一说自己是男孩还是女孩。

2.妈妈带宝宝外出，一起辨认男女，买衣服时，告诉宝宝什么衣服是男孩穿的，什么衣服是女孩穿的。妈妈可以问："宝宝穿什么样的衣服呢？"让宝宝自己认一认。

专家提示

宝宝有了自我意识后，就可逐渐培养宝宝的性别意识。只有宝宝对自己的性别有了正确的认识，才能很好地扮演性别角色，控制好自己的行为，从而提高宝宝的内省智能。

学用手纸

益智目标

培养宝宝生活自理能力。

游戏步骤

1.和宝宝玩照顾布娃娃的游戏，比如给布娃娃穿衣服，喂布娃娃吃饭。过一会儿对宝宝说："娃娃要大便了，快送娃娃去大便。"引导宝宝将娃娃放在便盆上。等娃娃大便完毕后，妈妈要告诉宝宝："娃娃大便完了，快给娃娃擦擦屁股。"然后教宝宝正确使用手纸，如第一次将手纸双叠后从前向后擦拭一遍，然后再将擦过的一面双叠再擦拭一次，再将手纸扔入纸篓。再拿另一张手纸用同样的方法再擦拭一遍，然后给娃娃穿好裤子，整理好衣服。

2.等到宝宝大便时，妈妈可以为宝宝准备好手纸，然后让宝宝如同替娃娃擦屁股一样自己操作。

3.等宝宝擦拭两遍后，妈妈要检查宝宝是否擦干净。如果擦拭干净了，要表扬宝宝；若未擦干净，妈妈要帮助宝宝。

专家提示

3岁的宝宝具有强烈的独立意识，这个时期是培养宝宝良好生活习惯的最佳时期，在游戏中融入生活技能训练，让宝宝在玩中学习。

空间智能

看看它在哪里

益智目标

提高宝宝的空间想象能力。

游戏步骤

1.父母准备红色、黄色、绿色塑料球各一个，用布盖上，红球放在盒里面，黄球、绿球放在桌子上。

2.父母告诉宝宝："今天给你带了个小玩具，猜猜这是什么?"

3.拿下盖子，让宝宝仔细看哪个球在盒里面，哪个在盒子外面。

4.宝宝回答后，父母把红球也放在桌子上，再分别请宝宝将黄球、绿球放在盒子里，使宝宝加深对里面、外面的认识。

5.父母将三种颜色的球排列好，问宝宝什么颜色的球在中间。

专家提示

此游戏可以让宝宝知道里面、外面、中间的概念。游戏过程中小球的位置可以反复调换，让宝宝反复练习几次。

抛接球

益智目标

促进宝宝空间知觉的发展。

游戏步骤

1.妈妈准备一个大小适中的皮球。

2.爸爸、妈妈和宝宝围成圈站好，保持70～80厘米的距离。

3.妈妈手拿球，宝宝伸出双手，准备接球。

4.妈妈将球抛给宝宝，宝宝接住球，再抛给爸爸。

5.反复进行。

专家提示

此游戏不仅能促进宝宝空间智能的发展，增强宝宝的感受性，还能锻炼宝宝的手眼协调能力。

空间智能影响着宝宝认知能力的发展，及早地识别和培养宝宝的空间智能，对其今后各方面智能发展都有着重要意义。

第12章

第35～36个月

宝宝左脑右脑智能开发

宝宝体能智能发育状况

本月训练要点

1.能听明白故事中的寓意。

2.训练自己穿脱衣服。

3.睡前让孩子排尿，训练孩子不尿床。

宝宝左脑右脑智能发展参考水平

左脑

语言智能：给具有图形而没有结尾的故事书编出一个结局

数学逻辑智能：可以听着数字写出数

自然认知智能：能自己穿衣服和鞋子

右脑

身体运动智能：在短时间内用一只脚站稳

音乐智能：跟许多人在一起进行合唱

人际智能：能同生人交往。能自己买东西

内省智能：表现出自尊心、同情心和怕羞，不顺心时发脾气

空间智能：学会使用更多的方位词

宝宝体格发育参考标准

身长

男孩

87.7～102.5厘米，平均95.1厘米

女孩

86.8～101.6厘米，平均94.2厘米

我的宝宝：______厘米

体重

男孩

10.9～17.0千克，平均14.0千克

女孩

10.6～16.3千克，平均13.4千克

我的宝宝：______千克

头围

男孩

46.5～51.7厘米，平均49.1厘米

女孩

45.7～50.5厘米，平均48.1厘米

我的宝宝：______厘米

胸围

男孩

46.7～55.1厘米，平均50.9厘米

女孩

45.8～53.8厘米，平均49.8厘米

我的宝宝：______厘米

囟门

大多数宝宝囟门已完全闭合，如果仍然不闭合，应及时去医院检查。

我的宝宝：______

牙齿

已经长出18～20颗牙齿

我的宝宝：______

促进宝宝智能发育的营养方案

宝宝的智力发育与其摄取的营养有极为密切的关系。脑功能优劣虽然与遗传、环境、智力训练等条件有关，但80%以上还是取决于营养。脑是人得以生存和从事各种活动的中枢，故其对营养的富与贫、各种营养物质的偏与衰更为敏感。即所摄取食物“质”的高与低，与脑子的聪慧与否是成正比的。

健脑食物应该适于宝宝的消化吸收。要根据宝宝的年龄、消化吸收能力来选配健脑食物，否则，不但达不到健脑的目的，反而易损伤宝宝的消化功能。

鸡蛋

含有人体必需的8种氨基酸、丰富的卵磷脂以及钙、铁等，有益于大脑的发育。

核桃

所含脂肪的主要成分是亚油酸甘油脂，该物质可供给大脑基质的需要，其中的微量元素锌和锰是健脑的必要养分。

香蕉

能帮助大脑制造一种化学成分——血清素，这种物质能刺激神经系统，对促进大脑的功能大有好处。

苹果

含有丰富的锌，可增强记忆力，促进思维活跃。

健脑食物的种类及数量应逐步添加，食物种类全面不等于一哄而上，要注意宝宝的特殊进食心理和尚未完善的消化机能。食物要安排得种类丰富且应经常变换。宝宝对陌生的食物或是特殊气味的食物（如海鲜等）不易接受时，父母在增加新的食物时应尽量烹调得可口、色香诱人，应设法说服宝宝，诱导宝宝进食。

父母须知

3岁是孩子自我意识形成的重要时期。当小朋友们在一起玩耍时会说“这是我的”，这就是孩子自我认识的开端。而通过游戏来提升孩子内省智能是一个非常好的办法，给孩子们创设了自我认识的情境，使他们能在快乐的情绪中去感知自己身体各部分，有助于孩子自我意识的形成。

语言智能

心情日记

益智目标

提高宝宝的语言智能。

游戏步骤

1.帮助宝宝准备笔记本、笔或录音机等，并说明使用方法，开始时可以指导宝宝来做。

2.请宝宝每天用画画或用笔记录的方式，或者用录音的方式记录自己想要表达的事情，如今天很快乐，为什么感到快乐，等等。

专家提示

通过记录的方式，让宝宝探索自己的内心世界，学习和自己交谈。这样的活动最好持之以恒，直到宝宝养成习惯，将有助于帮助宝宝了解自己并抒发情绪。

香蕉锁

益智目标

提高宝宝的语言表达能力。

游戏步骤

1.请妈妈带宝宝一起唱这首儿歌：

今天真快乐，大家一起唱歌，大家一

起跳舞。小熊维尼有好多朋友，有小猪皮杰和跳跳虎，还有兔子瑞比和驴子屹耳。

2.和宝宝一起讨论：“儿歌里面都有谁？他们在一起做什么？”帮助宝宝了解儿歌大意。

3.待宝宝熟悉后，可以引导他自己编儿歌。如：

大家一起做操，大家一起喝水。

宝宝有很多好朋友，有乐乐和洋洋。

专家提示

此游戏可以增强宝宝的概括能力和表达水平，掌握一种新的语言表达方式。多样化训练可以提升宝宝参与创作的乐趣，提高自身创造力。

数学逻辑智能

数物品

益智目标

锻炼宝宝的数数能力，提升宝宝的数学能力。

游戏步骤

1.家长将家里的玩具都放在桌子上。

2.让宝宝跟着家长一起数，一边指着玩具，一边数1、2、3……

3.让宝宝自己数玩具，1、2、3……

专家提示

刚开始时，家长可以握着宝宝的手一个一个地数。玩具排列的位置要经常改变，使宝宝明白，即使位置改变，但数量始终不变。多运用于日常生活中，如吃饭时数有几盘菜、几碗饭，可以数家里有多少人等等。

学测量

益智目标

让宝宝初步了解测量的概念和原则、测量的尺度和标准。

游戏步骤

1.妈妈和宝宝一起把一张白纸裁成纸条；妈妈用一条裁好的纸条量一量宝宝手的长度，并用铅笔在上面做上记号。

2.妈妈引导宝宝用另一条纸条为妈妈的手量长度，让宝宝自己在上面做上记号。最后让宝宝把两条纸条的记号做一下对比，看看是妈妈的手长，还是宝宝的手长。

3.妈妈还可以引导宝宝用纸条量一量电视、电脑、桌子、椅子等物品，并做上记号。

专家提示

这种用纸条来做非标准化的测量，要比尺子简单得多，当宝宝用纸条无法测量某一物体时，就会去想其他的办法，可以把纸条接起来或寻找别的测量办法。

自然认知智能

多彩的饮料

益智目标

训练宝宝认识红、黄、蓝三原色。

游戏步骤

1.准备红、黄、蓝三色水粉颜料，以及透明饮料瓶5～6个，洗干净备用。

2.可以先让宝宝用瓶子玩水，观察和比较瓶子的大小、水的多少，感知水的流动。然后妈妈在瓶盖内放上颜料，瓶内装半瓶清水，旋紧瓶盖，对宝宝说："我们来变魔术，摇一摇饮料瓶，会变出什么颜色的饮料？"颜色变了之后，可以让宝宝联想相应颜色的饮料，如橙色的饮料是橘子汁。然后再换一瓶，引导宝宝再试试，尝试变出其他颜色的"饮料"。

3.引导宝宝用语言表述色彩的变化，如黄色加蓝色变出了绿色，引导宝宝按语言指令送"饮料"："把红色饮料送给××吧!"

专家提示

通过这个游戏，可以让宝宝感知色彩的奇妙变化，提高宝宝的自然认知能力。

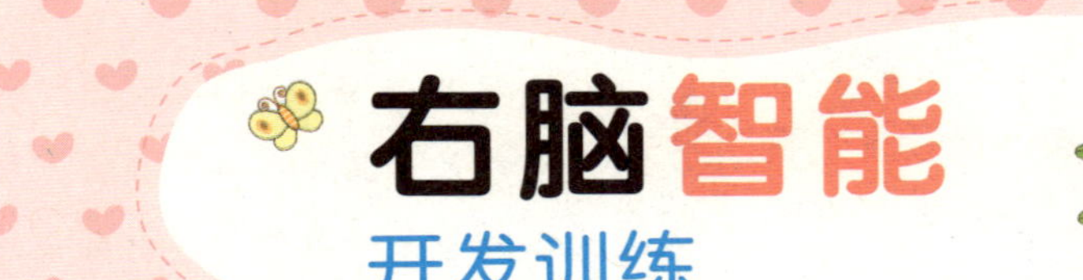

右脑智能开发训练

身体运动智能

万能的手

益智目标

提高宝宝的精细动作能力。

游戏步骤

1.家长在宝宝的面前示范一些与手有关的动作，如挥挥手、拍拍手、开门、打电话、写字、捡东西，洗衣服等。

2.等宝宝知道“手”具有多重功能后，可以彼此轮流下达口令，让对方做动作，如“请你摸摸头”、“请你把爸爸的拖鞋拿来”……这样，还可以训练宝宝的语言表达能力。

专家提示

此游戏可帮助宝宝认识、了解手的功能，以提高宝宝的精细动作能力。在活动结束后，可以附带地教导宝宝“饭前、便后洗手”的概念。

单手拍球

益智目标

锻炼宝宝的手眼协调性，提高宝宝的肢体协调能力。

游戏步骤

1.妈妈和宝宝相向站好，每人手里拿一个球。

2.妈妈说："宝宝，看妈妈拍球。"妈妈单手拍球。让宝宝学着妈妈的样子拍球。

3.妈妈换手拍球，并对宝宝说："宝宝，换手喽。"让宝宝也用另一只手拍球。

专家提示

此游戏可以使宝宝的眼、手、脑的配合更加协调，改善手的精细动作，从而促进宝宝的智力发育。

踩"老鼠"

益智目标

训练宝宝的奔跑能力及动作的敏捷性。

游戏步骤

1.家长往旧棉袜里塞满棉花之类的软物，用线将袜口扎紧作"老鼠"。

2.家长牵着"老鼠"在前面慢跑，宝宝在后面追，踩住袜子就算逮到了"老鼠"。

专家提示

家长要注意控制、调整跑的速度和方向，让宝宝感觉游戏不是太难但又很好玩，经过一定努力可以成功。当宝宝踩到老鼠时，家长要给予鼓励，如拥抱、亲吻、口头表扬等。

音乐智能

诵儿歌

益智目标

提高宝宝的音乐智能。

游戏步骤

1.家长把准备好的儿歌念给宝宝听：

小燕子，穿花衣，年年春天来这里。
我问燕子你为啥来，
燕子说，这里的春天最美丽。

2.念给宝宝听完之后，家长让宝宝讲讲这首儿歌的大意。

3.让宝宝一字一句地跟着家长读几遍，直到宝宝记住。

专家提示

在游戏过程中，家长要注意激发宝宝学儿歌的兴趣。两天以后家长要让宝宝说说这首儿歌的大意并背诵这首儿歌，背诵得越正确、越快，说明宝宝的记忆速度、持久性和准确性越高。

音阶

益智目标

培养宝宝的音乐能力。

游戏步骤

1.妈妈和宝宝一起上楼梯时，每上一

级台阶，就唱一个音。

2.从第一级楼梯唱起，1(哆)、2(来)、3(咪)、4(发)、5(嗦)、6(啦)、7(西)、i(哆)，到第八级台阶为止。

3.下楼时则从高音唱起，i(哆)、7(西)、6(啦)、5(嗦)、4(发)、3(咪)、2(来)、1(哆)。游戏可以反复进行。

专家提示

宝宝从小在音乐氛围中长大，能使宝宝具备较高的音乐智能。而且，游戏还能锻炼宝宝听觉的敏锐性。

人际智能

没有声音的世界

益智目标

培养宝宝发散思维的能力，增强其人际交往能力。

游戏步骤

1.家长请宝宝用耳塞堵住耳朵或用手堵住耳朵，让宝宝体会1分钟听不到声音的感觉。

2.家长与宝宝讨论：如果自己听不到声音会怎样？请宝宝举一些具体事例来说明。如听不到别人叫门声、听不到汽车喇叭声等。

3.唤起宝宝对聋哑人的同情心，并请宝宝思考如何关心、帮助聋哑人。

4.教育宝宝要注意保护好自己的耳朵。

专家提示

通过引导宝宝想象“没有声音的世界”，来培养宝宝发散思维的能力，同时在感受没有声音的世界的同时，唤起宝宝对聋哑人的同情和爱心，增强宝宝的人际交往能力。还可以用这种方法来激发宝宝对盲人、瘫痪者等残疾人的感知。

拜年

益智目标

提高宝宝的人际交往能力。

游戏步骤

1.提前准备小动物的面具，例如，今年是龙年，就准备小龙的面具。父母要告诉宝宝古代拜年的故事。

2.让宝宝头戴面具扮演“小龙”，爸爸和妈妈扮演“小龙”的朋友，例如“山羊伯伯”、“河马奶奶”、“小松鼠姐姐”等。

3.“小龙”看到不同的朋友，要用不同的问候用语。例如，看到“山羊伯伯”，说：“山羊伯伯，新年好！祝你身体健康！”看到“小松鼠姐姐”，说：“小松鼠姐姐，新年好！祝你学习进步！”

专家提示

此游戏能让宝宝明白拜年时的祝福该怎么说，怎样和长辈们或其他亲人们打招呼。父母让宝宝知道，向不同年龄的人拜年，问候用语是有所区别的。给爷爷奶奶拜年，要祝福他们“身体健康”，给叔叔阿姨拜年，要祝他们“工作顺利”；给哥哥姐姐拜年，要祝他们“学习进步”等。其他如“新年快乐”、“万事如意”等祝福的话语，则适用于各种场合。

内省智能

自己穿衣服

益智目标

锻炼宝宝的生活自理能力。

游戏步骤

1.给宝宝准备好衣服、鞋子、袜子。

2.让宝宝自己挑选喜欢的服装，配上鞋子，然后鼓励宝宝自己穿。如果宝宝不知道怎么穿，妈妈可以在旁边指导宝宝：“宝宝先把小手伸入一只袖子，再伸另一只小手，好的，再套头。”宝宝穿裤子也是，妈妈也要在旁边指导。

3.宝宝穿好后，妈妈别忘了赞赏宝宝一下，会让宝宝下次更有兴趣自己穿衣服。

专家提示

此游戏能帮助宝宝养成良好的生活习惯，而且让宝宝自己挑选衣服还能丰富宝宝的想象力和表达能力，对促进宝宝的智力有很大作用。

跳蚤市场

益智目标

提升宝宝的生活能力。

游戏步骤

1.准备布娃娃、玩具、铅笔等物品和一些零钱（也可以用假币）。爸爸妈妈把布娃娃、玩具、铅笔等物品放在一起，对宝宝说："这是要卖的物品。"

2.把一些零钱给宝宝。教给他简单的数字概念，并认识钱币的不同，同时可利用钱币的大小让宝宝知道，小的面额形状比较小一点，大的面额形状大一点。

3.由爸爸妈妈来扮演老板，宝宝演客人，请宝宝来买东西。

4.对于宝宝，爸爸妈妈可以把每个东西都定一样的价格，如全部定价1角或1元。

专家提示

通过买卖可让宝宝建立买东西要使用钱的常识。若宝宝对于数字、金钱很有概念，则可依照不同的东西、不同的定价让宝宝买东西。

我是清洁小能手

益智目标

增长宝宝的自我意识。

游戏步骤

1.妈妈用吸尘器清洁沙发的时候，可以让宝宝一同参与。

2.这可是妈妈允许宝宝使用的第一件家用电器，简直太棒了!宝宝太渴望知道这个"小胖子"究竟是怎样工作的，连"嗡嗡"的噪声也不能阻挡他探索的热情。在宝宝的"帮助"下，妈妈完成了工作。

专家提示

学习使用吸尘器等小家电，是为了帮助宝宝感受控制事物的能力，而不是希望宝宝能够把家里打扫得一尘不染。在这个过程中，能逐步增长宝宝的自我意识。完成工作后，别忘记夸奖宝宝。

学拨打紧急电话

益智目标

提高宝宝的自护自救意识。

游戏步骤

1.准备一些消防车、救护车、警车的图片或玩具。

2.再制作119、110、120三张图片，教宝宝认识电话机上的数字及拨打电话的方法。

3.妈妈可以拿出救护车的图片或玩具说："我肚子痛，要去医院，宝宝快打电话吧。"并提示宝宝拿出相应的图片及电话号码卡片。宝宝完成后，妈妈再说："有小偷进咱们家了，宝宝快打110电话。"并提示宝宝拿出相应的图片和电话号码卡片。

专家提示

日常生活中存在着一些不安全的隐患，以及各种伤害，所以父母要培养宝宝树立安全防范意识。

空间智能

听口令做动作

益智目标

提升宝宝的空间想象能力。

游戏步骤

1.家长口令："请把自己的手放在自己的头上，请把自己的手放在自己的脚下。"

2.家长口令："请把自己的手放在毛绒玩具的头上，请把自己的手放在玩具的脚下。"

3.家长口令："请把自己喜欢的玩具放在自己头上，请把自己喜欢的玩具放在自己的脚下。"

4.让宝宝闭上眼睛，家长把玩具分别放在屋子里不同物体的上面或下面，请宝宝寻找。

5.请宝宝说出自己的玩具是在什么地方找到的，如桌子的上面、椅子的下面等。

专家提示

此游戏的主要目的是让宝宝以自身或客体为中心认识上下，掌握空间方位，还可以请宝宝出题，家长去做动作，以激发宝宝的兴趣。

小兔子的一天

益智目标

训练宝宝对方位的判别能力。

游戏步骤

1.准备一把椅子、一只玩具小狗、一辆玩具卡车和一个纸箱子。

2.妈妈给宝宝讲故事说："小狗累了，想坐到椅子上休息，你能帮助它吗？”宝宝做完后，妈妈接着对宝宝说：“小狗休息好了，想从椅子上下来，请你帮助好不好？”然后妈妈再说：“小狗玩累了，要到纸箱子里睡觉，请你帮它进去好不好？”宝宝做完后，妈妈又说：“哦，小狗睡醒了，带它去兜风吧！”妈妈指挥宝宝抱着小狗坐在小椅子上开车。

专家提示

帮助宝宝感受到玩具在空间上的变化，理解上、下、里、外、前、后等方位概念。

在哪里

益智目标

提高宝宝的空间知觉智能。

游戏步骤

1.准备一棵大树和各种小动物的卡片，剪成轮廓图。

2.妈妈随意地在树上、树下、树前、树后摆上各种动物，然后问宝宝：“树上是什么动物？……谁在树下呢？”“树前面的是谁？”请宝宝完整地说出小鸟在树上，小狗在树下，小鸡在树前，小猪在树后等。

3.当宝宝能熟练地说出后，妈妈再增加各个方位小动物的数量和种类。

专家提示

通过问话的形式，能让宝宝更熟悉前后、上下等方位，而且能训练宝宝说出完整的句子，对提高宝宝的空间智能和语言智能都有帮助。

生长发育智能测评

1 回答：（以10分为合格）

谁的鼻子长？

谁的耳朵长？

谁爱吃草？

谁爱吃鱼？

谁会生蛋？

谁能挤奶？

谁会看家？

谁会拉车？

谁会过沙漠？

谁会耕田？（每答对1问记2分）

2 会解系大骨扣、小骨扣、按扣、布扣、粘扣、裤钩，每种记1分以5分为合格。

3 折纸：

正方形折成长方形，再折成小正方形；正方形折成三角形，再折成小三角形；正方形折成三角形，再折成狗头；会折完一种记5分。（以10分为合格）

4 拼图：

用贺年片切成2、3、4、5、6、7、8块，每拼对1套记1分（以5分为合格）

5 口答反义词：

大、上、长、高、肥、亮、白、甜、软、深、重、远、慢、厚、粗、精，每对上1对记1分（以10分为合格）

6 回答故事的问题：（以10分为合格）

小猫钓鱼

这一天，天气晴朗，空气清新，

猫妈妈准备出去钓鱼。小猫看到了，也要跟着妈妈去，妈妈说，好吧！于是它们就扛着鱼杆出发了。

到了水塘边，它们架好鱼杆，就开始等鱼上钩……

等了没一会儿，小猫坐不住了，开始东瞅瞅西望望。忽然它看到飞过来一只蜻蜓，于是它就放下鱼杆，过去追蜻蜓。可是蜻蜓一飞飞到草窝里看不到了，小猫只好回到水塘边。

又坐了一会儿，鱼还没有上钩，小猫又着急了。这时飞来一只蝴蝶，小猫又放下鱼杆，跑去捉蝴蝶。可是蝴蝶一下飞到花丛中，找不到了，小猫又回到水塘边，看到妈妈钓起了一条大鱼，羡慕极了，小猫对妈妈说，为什么我就不能钓上一条鱼呢？

猫妈妈说，你一会儿捉蜻蜓，一会儿追蝴蝶，三心二意，怎么能钓到鱼呢？

小猫听了知道自己错了，就坐下专心致志地钓鱼啦。

不一会儿，小猫也钓上了一条大鱼。它和妈妈兴高采烈地带着自己钓的鱼回家啦！

谁？在何处？准备干什么？遇见了准？事情有何变化？结果如何？说明什么问题？要记住什么教训？（每问记2分）

7 玩包剪锤游戏：（以5分为合格）

A.知输赢(5分)

B.及时出手(3分)

C.不及时出手(2分)

结果分析

1题测认知能力，应得10分；2、3、4题测精细动作，应得20分；5、6题测语言能力，应得20分；7题测社交能力，应得5分。共计可得55分。总分在30～55分之间为正常，40分以上为优秀，30分以下为暂时落后。哪道题在及格以下，可先复习上月相应试题，通过后再练习本月的题。